未来任我行

——财经与政法类大学生的六堂职业必修课

中南财经政法大学就业指导服务中心
上海财经大学学生就业指导中心 编著

上海财经大学出版社

编委会名单

主　编：汪　平　潘　杰

副主编：余小朋　兰玉娟　谭予絮　汤玲莉

编　者：郭婉钰　林　玲　蒋　峰　王莹珏

　　　　梁　斐　肖力玮　于　晗　王　磊

导读

大学是人生中最美好的时光，该利用它来做点什么，才能在今后回忆起来无悔青春呢?

大学就像一座桥，跨越“成长”这条河流。桥的一头是家庭依赖，另一头是独立自强；桥的一头是少不更事，另一头是成熟干练；桥的一头是书山学海，桥的另一头是职场世界。走完这座桥，需要用四年甚至更长的时间。

“成长”是大学的关键词。大学之前，你的学习和生活都会被安排和照顾得有条不紊，细化到几点几分该去做什么事情，如果没有按照规定进行就会被警告甚至惩罚；进入大学，你的时间表要自己制定，上课之外都是空白的。有的人会觉得大学很闲，也有的人会觉得时间根本不够用，忙碌的人总会比空闲的人收获更多。因此，另一种成长就是要学会管理自己的时间。

进入大学之前，觉得它充满了神秘感，憧憬着它的种种美好，但当你投入它的怀抱，近距离接触后，它的优点和缺点均展露无遗。是的，大学并非十全十美，它有优点也有缺点。从作为新生踏进大学校门报到的那刻开始，不管对自己的大学和专业是否满意，你都被打上了深深的烙印，因此要去适应大学的生活、接受它的文化和利用它的资源。现代大学最大的特点就是开放，它没有“围墙”，唯一能禁锢你思想和行动的是个人意识。例如，你可以走进任意一间教室去听课，虽然你没有选这门课；你可以通过自己学校的图书馆借阅全国其他大学图书馆的藏书；你可以发邮件联系自己感兴趣的老师……但如果你不主动去利用这些资源，大学时代你是很“懒”的，除非你“犯规”了，否则它不会主动找你。因此，第二种成长就是要主动自发寻找和创造机会。

大学是社会的缩影。以前人们用“象牙塔”来称呼大学，但现代的大学不再是远离尘世生活的世外桃源，它就是社会的一部分。因此，在大学里要学习的第三种成长是社会化，它包括但不限于以宿舍为单位的集体生活、社团和学生会等团队工作、建立和发展人际关系、复杂的爱情和友情以及明里暗里的竞争等。总之，未来社会工作和生活的种种特征，在大学提前“预演”，拥抱它们才能走向成熟。

所有的“成长”都是为了将来能够独立、自强地步入社会，一定程度上也可以说是为了能有更好的职业发展。

“职业”是大学里必修的一门课。《未来任我行》是帮助大家在“职业”上“成长”的一本参考指南。大学期间与职业生涯相关的，大致有下面几件事：

熟悉你的大学，了解它的专业。专业学习同样如此。真正地了解你的专业的学习内容和将来的出路，而不是仅仅凭专业名字和个人主观情感就作出判断。如果爱它，进一步了解它的发展规律；如果不爱，大学也提供了各种学习其他专业知识的机会。因此，熟悉专业不仅针对自己被录取的那个专业，而是包括你所读大学的总体专业和学科背景。

了解你自己。认识自我是抽象和复杂的哲学命题，在职业生涯规划领域却是具体的。一方面，了解自己的职业兴趣、职业价值观和人格特质，是职业生涯规划中“自我认知”的三大内容，当前已经有比较成熟的心理测评工具可以帮助我们完成对自己的探索；另一方面，借助测评工具或者通过探索活动获得对自己的认识，就像拼图游戏中的一张张卡片，如何拼成一幅完整的画面——这就是理论上所说的自我概念。在职业生涯发展中，你是个怎样的人与你认为自己是个怎样的人同等重要。

认识职业世界。了解自我和认识职业就像职业生涯规划之天平的两端，只有两边处在同等水平，才能作出合理的选择，才能取得职业上的平衡发展。求学期间，我们做各种努力，却不知道将来能做什么，这是很糟糕的事情。好比你肚子很饿，兜里也有钱，却不清楚自己兜里的钱能买什么食物，能买多少食物，因为你从来没有到过市场，不知道里面有什么东西，也不知道价格。自然而然地，这时候我们就应该到市场里去看看。大学期间，我们也要到“职业市场”里去认真考察一番。长久以来，自我认知比认识职业世界发展得更好一些，理论上和实践中都是如此，这就意味着大学期间我们要在认识职业上花更多的时间和精力。

能力上的准备。大学学什么？学了将来能做什么？这两个问题困扰着很多人。如果换一个角度思考，答案显而易见：将来想做什么，这些工作对人才有什么要求，那么大学就学什么。曾任北大校长的胡适对毕业生说过，“拿了文凭而找不着工作的人们，应该要自己反省：社会需要的是人才，是本事，是学问，而我自己究竟是不是人才，有没有本领？”当然，职业世界中，变化才是恒久不变的定律。因此，思维、沟通、写作、人际交往、职业精神、成就动机等“可迁移性技能”和

“胜任力”是大学期间能力提升的重点——它们将持续影响你的整个职业生涯，比那些所谓职业资格证书或者操作能力重要得多。

求职的准备。“找工作”是大学生涯最后一步，也是最重要和关键的一步。从某个层面讲，人生前二十年的努力将在毕业求职时直接体现，人生后三十多年的职业生涯也深受求职结果的影响。要想取得令自己满意的求职结果，提高求职能力尤为重要。“找工作”是一个技术活，投简历、笔试和面试看似简单，但用人单位在每一个环节都设置了符合自身人才需求的选拔标准和程序，让它变成了一场持久战和淘汰赛。所以，如果你想得到好的工作，至少要提前一年开始准备。

凡事预则立，不预则废。《未来任我行》是一本给财经与政法类专业大学生的学涯规划和职业规划的科普性读物。它既可以作为课外读物，也可以作为上课参考教材，目的是希望通过自学或课堂授课，同学们能够了解财经和政法类专业大学生对应的职业与行业、能力要求、职业生涯发展和求职规律等。

佛家说“闻、思、修”，由听和读而引发思索，由此可得“思慧”，依“思慧”而实践修行，乃是获得智慧正果的坦途。职业生涯发展亦不外如是，这本教材能够提供的也只是“闻”的方面，“思”和“修”则需要个人在大学期间和将来进入职场后不断自我提升。

目录

01

我的职业生涯现状

我们常说“要选择一个适合自己的工作”，然而，你是否思考过：“适合”的内涵是什么？它包含哪些具体的内容？对我们的职业发展有什么影响？怎样才能确定“适合”自己的工作是什么？这些问题其实已经有了非常成熟的解决方法，就让我们从职业价值观、兴趣、性格等开始大学的职业生涯课程吧！

认识自己的“职业基因”
财经与政法类大学生的专业认知
大学期间的职业生涯发展任务

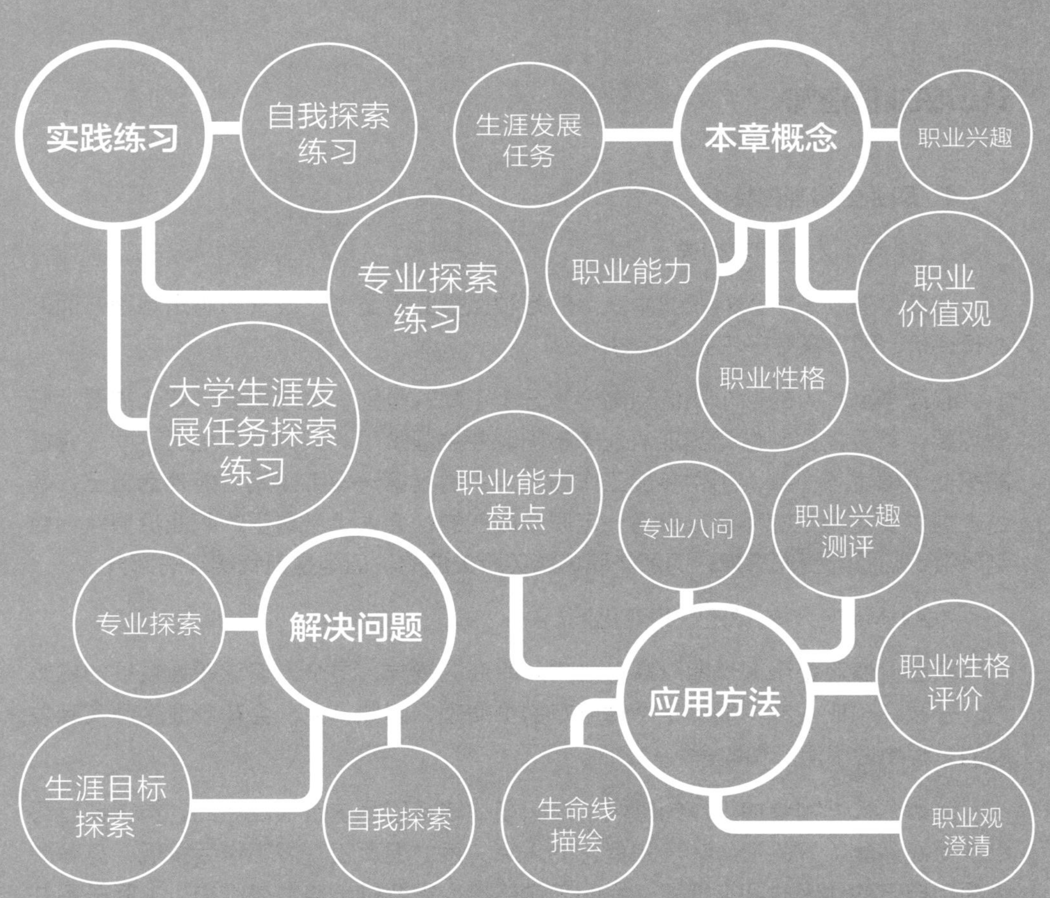
实践练习
自我探索练习
专业探索练习
大学生涯发展任务探索练习
本章概念
生涯发展任务
职业兴趣
职业能力
职业价值观
职业性格
解决问题
专业探索
生涯目标探索
自我探索
应用方法
职业能力盘点
专业八问
职业兴趣测评
职业性格评价
生命线描绘
职业观澄清

认识自己的“职业基因”

我的价值观：职业生涯的意义

认识职业价值观

1. 职业价值观的特点

（1）与个人的需求相关

职业价值观是个人对职业中获得的各种回报的重要性、意义和满足感等方面的心理评价，即你看重在职业中获得什么。

心理学家将人的需求从低到高分为五个不同的类别：生理需要、安全需要、归属需要、尊重需要、自我实现。处于不同职业生涯阶段的人其需要层次不同，看重的职业价值也不一致。刚刚参加工作的大学生看重第一份工作是否能养活自己、是否能提供安全稳定的环境；取得一定职业成就的社会人士所看重的职业价值就会更侧重组织归属与受人尊重；而那些职场精英所关注的价值则是自我实现的部分。

（2）具有相对的稳定性和变化性

职业价值观是个人长期以来形成的对职业的需求，是个人追求职业发展的内驱力。但是任何职业都不能满足个体所有的价值观，因此，人们会在职业生涯实际发展的过程中做出澄清和取舍。

比如，人们刚参加工作的时候，对职场的期待和需求是很理想的，觉得自己可以获得高薪酬、好的工作环境和良好的人际关系。但真正开展工作后发现，高薪酬需要用自己的休闲时间来换取，好的工作环境也需要付出努力来维护，人际关系并非和谐，但为了自己能够快速学习和获得职业发展，于是他们适时调整自己的职业价值观，放弃某些原本看重的价值。

2. 职业价值观的内容

Super（1957）将职业价值观划分为内在价值、外在价值、外在报酬三类，包括15个判断尺度。内在价值包括利他主义、独立性、审美、创意、生活方式、智慧激发与变化性；外在价值包括成就感、安全感、声望、经济报酬；外在报酬包括管理权力、工作环境、与上司的关系、与同事的关系等。Rokeach（1973）将价值观分为终极价值观（terminal values）和工具性价值观（instrumental values）。前者指的是个人价值和社会价值，用以表示存在的理想化终极状态和结果，它是一个人希望通过一生努力而实现的目标；后者是指道德或能力，是达到理想化终极状态所采用的行为方式或手段。

拓展阅读

Katz在1966年依据经典决策理论模型提出职业决策理论，强调决策者的价值观，认为好的决策应该是具有最大期望值的选择对象，价值是追求满意的目标和需求的状态，决策者列出自己的主导价值清单，并依据它们相对价值的大小进行量化，挑选具有最大期望价值的选择对象（彭永新、龙立荣，2000）。后来，Katz在原有的期望价值论的基础上，借助电脑辅助职业决策，开发了SIGI PLUS版本（1993年）。以下是该版本中一些典型的价值观描述。

表1.1 SIGI PLUS职业价值观

与工作相关	解释说明
晋升	你希望能够按照预期的步骤被提升，或者直接进入一个更高级的职位。你想避开没有发展前途的工作。
机遇	你希望用自己的能力去解决问题，工作不太容易，但它能带给你成就感。
交通便利	你希望工作地点离家很近，来回不需要很多时间。你还希望有便捷的公共交通工具，或者能与人拼车。
灵活机动的时间	你希望有一个灵活的时间表，只要你能够投入所需的时间，就可以调整自己的工作时间表。
福利	你希望自己的工作提供除了报酬以外的福利，如医疗保险、学费补助、儿童保育服务等。
在职学习	你希望学习新的技能和思想，以便从事一项更高级的工作；或者，仅仅是为了享受学习本身的乐趣。
愉快的工作伙伴	你希望与令人愉快的人在一起工作。他与你有着共同的兴趣和观点，易于相处。
固定的工作地点	你希望工作地点稳定。
对社会的贡献	几乎所有的工作都会对社会有贡献，但你希望自己的工作贡献在于提高社会整体的健康、教育和福利水平。

续·表1.1 SIGI PLUS职业价值观

与工作相关	解释说明
高薪	你希望有这样一个职业，其平均收入比其他职业要高。
独立	你希望自己做老板，自己做决策，没有压力、无拘无束地工作，不必每日一丝不苟地听从指令。
领导能力	你希望领导别人，吩咐他们做事，并对自己及下属的行为负责。当事情出现差错时，你愿意承担责任。
休闲	你希望工作时间短或者休假时间长，你感到你在业余时间内所得到的满足感对你很重要，因此不希望工作打扰你的休闲活动。
声望	你希望自己的工作能使别人尊重你、愿意听从你的观点、寻求你的帮助。
多样性	你希望参与不同的活动，解决不同的问题，与不同的人交流，去不同的地方，而不是一成不变地工作。
保障	你希望工作不要因经济衰退或技术、政府开支以及社会趣味方面的变化而变化不定，希望能够避免周期性的上下波动。

资料来源：杜映梅.职业生涯管理，2011

价值观对职业生涯的影响

1. 价值观对职业决策的影响

职业价值观与个人的需要密切相关。个人对职业需要的差异，导致他们的职业价值观呈现不一样的特点，进而影响职业选择。比如，如果一个大学生喜欢自由的工作，那么他可能倾向于选择摄影师、记者、销售员、导游、设计者、地质工作者等类型的职业；如果他同时看重工作安全性这个价值，那么他选择记者、地质工作者等类型的职业的可能性较小。

以下我们结合一个案例看看价值观对职业决策的过程。

案例

小V是中南财经政法大学大四学生，因为综合能力较好，拿到了好几个工作offer。其中两个offer让她很纠结：一个是离家很近的地方银行，待遇中等，工作压力适中，但自己不希望未来做业务，小V的父母也是银行职员，总体来说，工作稳定，离家近，父母赞许；一个是自己喜欢的一线城市互联网公司，待遇好，岗位性质是自己喜欢的服务类，但工作压力大，离家远且工作调动的可能性不大，父母态度中立。小V觉得，两份工作发展前景都不错，既有自己喜欢的地方，也有自己不能接受之处，无从判断。如果你是小V，你会怎样选择呢？

对于这个问题的解答，小V探索了自己的职业价值观，采用了价值权重评分法。认可的职业价值评正分，不认可的职业价值评负分，最后加权得总分。（其中，权重按照1~5分划定，评分按照1~10分评定。）

表1.2 小V的职业价值评定表

职业价值	离家近	父母认可	工作稳定	压力小	喜欢工作内容	发展前景	福利待遇	总分
权重	4	1	5	2	3	5	3	
银行工作	8	7	6	5	4	6	5	136
互联网工作	3	5	4	3	8	7	7	123

从评分表上看，小V同学对自己的职业价值观有不同程度的评价，比如她更看重工作稳定性和发展前景，相对不太在意父母的认可情况。从总分上来看，选择银行工作是比选择互联网工作评分高，说明自己在内心是认可银行工作的，评分表只是将这个思考过程理性化而已。尤其是在她看重的离家近、工作稳定和发展前景上讲，银行工作比互联网工作的优势总体相对明显。当然，选择了一份工作势必也要放弃其他一些价值，比如福利待遇、喜欢的工作内容等。小V同学在综合考虑了自己的兴趣、能力、个性特点等其他因素之后，决定还是选择到银行工作。价值观澄清是每个人自己的思考过程，并没有对错之分。因此你也可以有自己的选择，关键是弄清楚各项价值对自己的意义。

2. 价值观与工作绩效的关系

职业价值观是职业发展的内驱力，突出表现在对工作结果和效率的影响上，因此它可以对工作绩效产生直接影响。比如，如果工作带来的成果并非个人所认可的职业价值，那么他在开展工作时对工作的态度和行为也许不会十分积极。又如，一个看重晋升的人，工作中就会在各方面表现出希望发展的态度。

另外，工作绩效反过来会影响职业价值观的实现。例如，所谓心有余而力不足，即使大学生看重某种职业价值，但能力不足，影响了工作绩效，他所期待的职业价值不能如预期那样实现。这种落差又会反过来影响工作绩效。

职业价值观澄清

1. 职业价值观量表

根据下列各项描述和自己的实际情况，在“很重要5分”到“不重要1分”的连续分数标尺上进行评分，评完后按照后面的分类指示计算平均分，了解自己的价值观倾向。

表1.3 职业价值观问卷

分类	条目	很重要↔不重要	平均分
家庭维护	a42 工作能使我方便照顾父母	5 4 3 2 1	
	a44 工作能和家庭不相冲突	5 4 3 2 1	
	a7 工作能使我和未来的配偶在一个城市	5 4 3 2 1	
地位追求	a53 工作能使我容易晋升到高职位	5 4 3 2 1	
	a51 工作能使我有高于一般水平的年薪	5 4 3 2 1	
	a54 工作能使我受到重视	5 4 3 2 1	
	a61 工作能使我享受高地位的个人空间	5 4 3 2 1	
	a33 工作能使周围人羡慕我	5 4 3 2 1	
成就实现	a55 工作能带给我激情	5 4 3 2 1	
	a19 工作能使我发挥自己的创造性	5 4 3 2 1	
	a35 工作能使我实现个人的抱负和目标	5 4 3 2 1	
	a36 工作环境能磨练我的个人能力	5 4 3 2 1	
	a38 工作能使我施展个人的能力和特长	5 4 3 2 1	
社会促进	a2 工作能使我提高我国在该行业的世界竞争力	5 4 3 2 1	
	a8 工作能使我改变目前令人担忧的社会现状	5 4 3 2 1	
	a22 工作能使我为社会发展创造价值	5 4 3 2 1	

续·表1.3 职业价值观问卷

分类	条目	很重要↔不重要	平均分
轻松稳定	a15 单位少有改革或风险	5 4 3 2 1	
	a76 工作不要经常出差或到异地工作	5 4 3 2 1	
	a17 工作强度或压力不能大	5 4 3 2 1	
兴趣性格	a23 自己在该领域有天分	5 4 3 2 1	
	a24 与自己的性格相符	5 4 3 2 1	
	a26 符合自己的兴趣爱好	5 4 3 2 1	
规范道德	a46 领导的性格人品符合期待	5 4 3 2 1	
	a47 环境不容易使人变得腐败或虚伪	5 4 3 2 1	
	a48 工作不常发生道德困境	5 4 3 2 1	
薪酬期望	a56 初始的职位较高	5 4 3 2 1	
	a68 单位企业规模大	5 4 3 2 1	
	a59 一开始的薪酬就比较高	5 4 3 2 1	
职业前景	a4 单位有很好的发展前途	5 4 3 2 1	
	a5 单位的上司和同事好相处	5 4 3 2 1	
	a6 在该领域积累了一定的朋友圈	5 4 3 2 1	
福利待遇	a16 单位提供住房或住宿	5 4 3 2 1	
	a73 单位解决户口问题	5 4 3 2 1	
	a20 单位提供的保险齐全	5 4 3 2 1	

看看平均得分最高的三项价值是：__________、__________、__________

平均得分最低的三项价值是：__________、__________、__________

看看自己的得分，你觉得和实际情况一致吗？如果需要调整，将会是哪些部分？

2. 从过去的经历中探索价值

回想自己过去的经历，回答以下问题，试着探索自己的职业价值观都有哪些：

- 如果有机会让你去实习，你会选择什么样的实习工作?
- 回想你每天做的事情，你觉得哪些事情对你来说是相对更有意义的?
- 在你的生命中，什么对你来说是重要的? 如果要从中拿走一些，你认为拿走什么你会更加难受?

对这些经历中反复出现的价值进行分析，看看自己是否认可? 如果需要调整，哪些部分需要调整?

3. 价值观澄清的过程

首先，根据Rokeach价值观调查表，选择你所看重的价值进行排序。

表1.4 Rokeach价值观调查表

终极价值观		工具型价值观	
● 舒适的生活	（富足的生活）	● 雄心勃勃	（辛勤工作、奋发向上）
● 振奋的生活	（刺激的、积极的生活）	● 心胸开阔	（开放）
● 成就感	（持续的贡献）	● 能干	（有能力、有效率）
● 和平的世界	（没有冲突和战争）	● 欢乐	（轻松、愉快）
● 美丽的世界	（艺术和自然的美）	● 清洁	（卫生、整洁）
● 平等	（兄弟情谊、机会均等）	● 勇敢	（坚持自己的信仰）
● 家庭安全	（照顾自己所爱的人）	● 宽容	（谅解他人）
● 自由	（独立、自主的选择）	● 助人为乐	（为他人的福利工作）
● 幸福	（满足）	● 正直	（真挚、诚实）
● 内在和谐	（没有内心冲突）	● 富于想象	（大胆、有创造性）
● 成熟的爱	（性和精神上的亲密）	● 独立	（自力更生、自给自足）
● 国家的安全	（免遭攻击）	● 智慧	（有知识、善思考）
● 快乐	（快乐的、休闲的生活）	● 符合逻辑	（理性的）

续 · 表1.4 Rokeach价值观调查表

终极价值观	工具型价值观
● 救世（救世的、永恒的生活）	● 博爱（温情的、温柔的）
● 自尊（自重）	● 顺从（有责任感、受尊重的）
● 社会承认（尊重、赞赏）	● 礼貌（有礼的、性情好）
● 真挚的友谊（亲密关系）	● 负责（可靠的）
● 睿智（对生活有成熟的理解）	● 自我控制（自律的、约束的）

在以上各项价值中，我的选择和排序分别是（见表1.5）：

表1.5 我的价值观排序

终极价值观	工具型价值观
第一位	第一位
第二位	第二位
第三位	第三位
第四位	第四位
第五位	第五位

其次，从你排序的两类价值观中分别删掉一项，这一项是：＿＿＿＿＿＿＿＿＿＿和＿＿＿＿＿＿＿＿＿＿；接着，分别再删掉一项，这一项是：＿＿＿＿＿＿＿＿＿＿和＿＿＿＿＿＿＿＿＿＿；接下来重复这个过程，直到剩下最后一项，它是：＿＿＿＿＿＿＿＿。

最后，看看你删除价值观的顺序和你选择价值观的顺序是否一致。如果不一致，原因是：＿＿＿＿＿＿＿＿＿＿＿＿＿＿＿＿＿＿＿＿＿＿＿＿＿＿。

我的性格：工作效率的基础

拿出一张纸，先思考自己是什么样的人，然后尽可能多地描述出来。

我是____；

我是____；

我是____；

我是____；

我是____；

我是____；

我是____；

我是____；

我是____；

我是____。

认识职业性格

职业性格是个体在职业活动中呈现出的稳定的态度和行为方式。职业和职业性格是互相影响的。“人职匹配”理论认为，特定的职业需要特定性格的人来做。比如，会计类岗位往往需要谨慎、耐心、乐于服务等性格的毕业生，而销售类岗位一般需要成就动机强、外向活泼的毕业生等。

但人具有适应环境的能力，职业对从业者性格的要求是多元的，因此个体的性格与职业性格是可以有差异的。比如一个平时很内向的人，在职场中需要经常与人打交道，而他自己又很乐意去改变自己在人际交往方面的弱点，也能表现出积极的人际性格，比如主动、随和、热情。

性格对职业生涯的影响

性格对职业生涯产生广泛的影响，一些用人单位在招聘应届毕业生时倾向于用性格测试考察应聘者与岗位的匹配度，其中一个重要的因素在于性格能够影响工作效率。那么职业性格如何对工作效率起作用呢?

案例

S与L是管理专业的同班同学，她们的成绩、经历差不多，但性格迥异：S同学温和、感性、耐心、助人；L同学理性、果断、主动、强势。

问题1：在职业选择中，单就性格特点，S和L分别适合从事什么样的工作?

S同学适合的职业有：______________________________；

L同学适合的职业有：______________________________。

之后经过求职应聘，S同学选择了教育类职业，成为一名教师；L同学则进了律师事务所，希望未来能成为一名有影响力的律师。

问题2：如果给她们重新选择职业的机会，她俩能互相从事彼此的职业吗?

根据生涯适应论的观点，职业性格并不一定匹配特定的职业。例如，温柔、耐心的老师也可以转行做律师，但她的这种职业性格会对作为律师时的表现产生影响。其中，最明显的影响就是工作效率。因为律师职业对人的要求包括理性、坚决、果断、影响、无畏等特点，而教师的职业性格中侧重感性、细致、耐心、助人等特点，所以当这位教师从事律师职业的时候，必然有一部分性格特点是需要她做出调整的，比如主动出击、果断坚决等，这个调整的过程就会影响工作效率。相对于本身适合从事律师职业的人来说，她的工作适应期会更长一些，但是当她在工作中逐渐顺应职业要求，能够娴熟地表现职业所要求的行为后，这些行为又会进一步稳定下来，成为新的职业性格。而她的职业化程度也会更高，工作效率得到提升，对工作的适应度也会更强。同样地，从事律师职业的同学也可以做老师，但工作效率同样会因为其性格因素受到一定的影响。

如何了解我的职业性格

1. 360度全面评价

请你的父母、亲戚、老师、好朋友、同学对你的性格特点做个全面的评价，同时结合你自己的评价，看看有什么异同。

过来人

关于L同学的360度评价

L同学是中南财经政法大学工商管理学院大三学生，即将面临找工作的挑战，但是不知道自己适合什么样的工作，他希望能通过全面的自我了解帮助自己做职业定位。

首先，他对自己有一个基本的判断和评价，外向固执、热情开朗、认真勤奋、可靠负责、自由变通；

其次，他找到院系了解他的辅导员和职业指导老师给他进行了客观评价：认真、执着、粗枝大叶、责任感、头脑敏捷但思维的条理性较差；

随后，他让父母和亲戚评价他的性格特点：坦诚直率、外向、认真负责、进取心强、自尊心强容易受挫败、有时不切实际比较任性；

最后，他又找到了自己的好朋友综合评价了他：风趣幽默、热情、自信、敏感、不细心、容易感情用事、犹豫不决；

每次在找人评价完之后，L同学都和他们聊聊这些特征的具体所指，以及大家为什么这么认为。有的人还给他举了具体的事例："你记得吗，你在参加某次活动的时候……"，这让L同学觉察到他当时当地忽略了的行为方式。

L同学将所有人的评价综合起来，总结出关于职业性格的一些典型方面：外向、认真、负责、热情、自由、执着和固执、思维发散、条理不够。再针对工作要求当中的职业性格要求方面选择优势职业性格特征，避免不符合职业要求的性格特征。

2. 职业性格测评

目前各个学校的就业指导中心通常都可以提供职业测评服务，感兴趣的同学可以登录自己学校的就业中心网站寻找相关内容或者咨询就业中心的老师。

网络互动

中南财经政法大学就业指导服务中心网络测评链接：
http://jyzx.znufe.edu.cn/zqjy.asp
上海财经大学就业指导中心线上职业测评链接：
http://shufe.ncss.org.cn/jixun

我的兴趣：快乐工作的源泉

认识职业兴趣

1. 职业价值观的特点

职业兴趣，通俗的理解是人们从事某种职业的愿望和冲动。我们常说“对某某职业感兴趣”，但人们口头说的“感兴趣”的动机是多元的，可能是价值观、性格或者满足现实的需要，并非严格意义上的“职业兴趣”。

职业生涯发展理论中所指的“职业兴趣”是指从事职业带来的持续的快乐体验和满足感。兴趣与个体的需要、休闲、能力等相关，但并不等于这些，同学们在描述自己兴趣的时候可能会混淆这些概念。

关键词

1. 兴趣是需要吗？

有同学说：“我是个‘吃货’，我的兴趣是吃东西。”这个可能是基于一种需要的状态，饿了或者看到美食引起食欲，于是对食物产生了浓厚的兴趣，而当自己吃饱了，需要满足之后，就会对食物的兴趣降低甚至失去兴趣。

2. 兴趣是休闲娱乐吗？

有的同学认为休闲娱乐就是自己的兴趣，比如，玩电脑游戏、旅游、逛街、听音乐等。休闲娱乐是一种即时的愉悦状态，是一种生活的调剂状态，或者偶尔为之的行为。

3. 兴趣是能力吗？

也有同学觉得自己有能力做的就是兴趣所在，比如，“我英语学得好，我的兴趣是英语”或者“我的逻辑思维比较强，我的兴趣是做逻辑推理”。有能力做好的事情能给人带来信心，进而让个体产生愉悦的感觉，以为这就是兴趣。但是，所谓做得好的并不一定喜欢，有些销售人员在本职岗位上能做到“Best Seller”，但是在实际生活中却更喜欢独处的活动。看来，能力和兴趣还是要做一定程度的区分。

4. 那么，职业兴趣到底是什么呢？

美国心理学家John Holland认为，职业兴趣是个体性格的体现，它代表了一种稳定的生活方式。从这个意义上说，兴趣是不管你需不需要、休闲与否、能不能做，都会自愿投入去做并且乐在其中的心理倾向。甚至有些事情看起来并不是那么重要，或者做起来并非很娴熟，但是个体都愿意付诸努力投入其中，从而获得一种享受的体验。比如，许多登山运动者愿意付出很多努力去攀登高峰，他们需要在准备阶段长时间地进行体能储备，虽然在过程中历经千辛万苦甚至遇到危险，但他们仍然会持续地攀登下去。这就是兴趣给人们带来的力量。

想一想，在日常生活中，有没有一些让你愿意投入去做并且乐此不疲的事?

2. 职业兴趣的类型

前面提到John Holland把职业兴趣分成6种类型（见图1.1），得到了普遍的应用，本书中仅作简要介绍。以下有六种不同类型的职业兴趣及其描述，看看自己更倾向于哪一种类型。

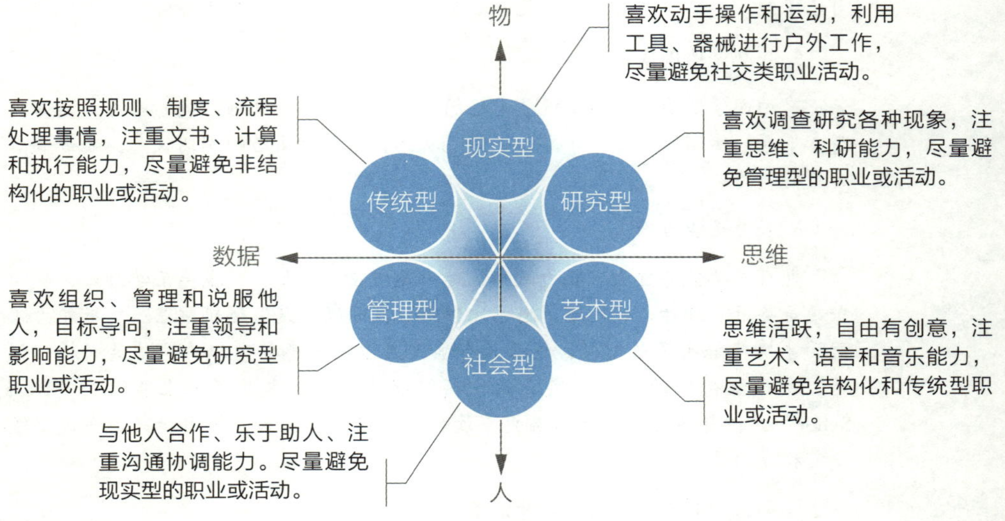

图1.1 Holland的六种兴趣类型

兴趣对职业生涯的影响

1. 兴趣为职业提供源源不断的乐趣

兴趣能够让人投入地去做事情，这种投入的状态本身就是一种快乐。因为喜欢，才会投入，才愿意付出努力。所以，做感兴趣的职业，你的动力就会非常充足，也更能够推动自己逐渐接近生涯目标。

2. 兴趣增强职业稳定性、提升工作满意度

为什么你对有的校园活动情有独钟，而对另一些活动熟视无睹？兴趣是判断标准之一。同样地，在工作中，如果满足个体兴趣，既能够发挥更多的才能，激发潜力，又能够让人持续稳定地投入到工作当中。另一方面，如果一个人有多方面的兴趣，他就能够应对各种环境并保持较高的热情，同样，其所在的组织也会反过来对这个人表示认可，提升组织和个人的双向满意度。

如何了解我的职业兴趣

1. 从我的生活看职业兴趣

（1）根据上述六种类型的职业兴趣，结合自己的日常生活事件，在合适的职业兴趣类别打“√”（可以多选），看看自己的兴趣聚焦在哪里。

表1.6 职业兴趣问卷

条目	现实型	研究型	艺术型	社会型	管理型	传统型
我的理想职业						
我喜欢的活动						
我常参加的实践						
我的朋友类型						
我喜欢的书刊						
我喜欢的科目						
我的专业						
我崇拜的人						
我喜欢的电视节目						
我的偶像						
乐此不疲的事情						
日常一天的时间分配						
感到快乐的经历						
我（理想）的恋人						
我在团队中的角色						
我所擅长的事情						
童年时我的兴趣						
总　计						

（2）总计出来的兴趣类型主要是哪一个或哪一些？是否和你对自己的认识一致？如果不一致，你认为原因是什么，更有可能的情况是什么？

2. 职业兴趣探索

（1）我对本专业的兴趣点包括：____；这些兴趣点所对应的职业有：____。

（2）我所了解的本专业同学就业的方向是：____；其中，我比较感兴趣的包括：____。

（3）父母对我的职业兴趣的态度是：____。

（4）老师对我的职业兴趣的建议是：____。

3. 职业兴趣测评

Holland的另一个贡献是将6种职业兴趣类型与诸多现实职业对应起来，拓展阅读，可以参考下面的链接。

网络互动

了解霍兰德职业代码及其应用，可以参考职业适配性的指导手册，或登录由美国劳工部发起的美国国家职业数据库O*Net。

1. Holland于1982年出版的作品《霍兰德职业密码手册》（*The Dictionary of Holland Occupational Codes*）。

2. 美国国家职业数据库：http://www.onetonline.org/，查阅有关兴趣（Interest）或霍兰德方面的信息即可。

我的能力：职业发展的保障

认识职业能力

1. 能力与职业能力

在大学生活中，“能力”是被频繁提到的一个词语。比如，参加不同的社团，目的在于提高自己的“综合能力”；毕业前求职应聘，用人者会重点考察大学生的职业能力等。

职业能力是个体从事职业活动需要具备的心理特征和心理条件。广义的职业能力包括一般能力，也就是上天所赋予某个人的才能，比如辨识方向的能力、音乐能力等，具有非常稳定的特点，通常称之为“潜能”或“智力”。职业能力还包括特殊能力，也就是专门从事某项工作所应具备的能力，比如机械操作能力、语言能力、人际交往能力等，通常我们也把它们称为“技能”（叶奕乾、何存道、梁宁建，2005）。潜能不易变，并能从一种情境迁移到另一种情境，具有比较广泛的适用性；而技能相对容易学习和改变，并且在专业领域迁移性较弱。狭义的职业能力就是从事各项职业所需具备的技能。

2. 专业技能的分类

专业技能是我们后天习得的能力，这种能力是以先天的能力为基础，通过各专业领域的学习和训练而获得的，一般可以分成三类：知识技能、可迁移技能和自我管理技能（Richard Nelson Bolles，2006）。知识技能，是通过学习、培训等不同形式获得的事实，包括概念、术语、程序和其他；可迁移技能，是在不同情境下持续有效使用的能力，比如沟通能力，可以迁移到不同的场景中有效解决问题；自我管理技能，从严格意义上来说，是一种做事风格和个性品质，比如，高效率、自控、主动等。

能力对职业生涯的影响

1. 职业能力与成功求职

能力是职业中最具有现实价值的因素，每个职业都需要有相应的能力匹配。用人单位在招聘时最多考察的就是“你能够做什么？”、“你能不能胜任我们提供的岗位？”，这些都是对能力的考察。

根据1978年麦克利兰的胜任能力模型，企业员工的素质可以类似于一座冰山，冰山以上部分的素质包括知识、技能，是相对容易测量和改变的部分；冰山以下部分的素质包括自我概念、个性特质、动机和价值观等，是员工个体内在、稳定的部分，却是最为核心的素质。正是这些“冰山下”的素质，能够将绩效优秀的员工和绩效一般的员工区分开来。

所以，校园招聘中会更多关注并考核毕业生的“潜在素质”，也就是冰山以下部分的这些素质。而在大学期间，除了学好基本的知识和技能之外，要花更多的时间去养成的就是自己稳定的性格特质，对人对事的态度与价值观，以及个人处事的动力系统，因为这些是决定你成功求职以及未来职业发展的关键因素。

2. 职业能力与生涯发展

职业能力随着生涯的发展而改变，表现为不同阶段、不同类型的能力在整体职业能力中的比重不一样。初入职场的年轻人，其智力水平或个人潜能处于相对最佳时期，这个时期学东西最快、反应灵敏，能够帮助迅速掌握职场规则和更多的可迁移技能，提升自己的职业化水平；相比之下，其自我管理能力可能相对薄弱一些，会出现比如低效率、无合作、顽固倔强等问题。

随着年龄的增长，个体的智力水平逐渐下降，记忆力、反应灵敏度、创新思维等都逐渐衰退，但取而代之的是职场经验带来的专业技能的提升。这段时期，将会出现许多的专家和专才等，他们的可迁移技能和自我管理技能逐渐达到顶峰，经验也是逐步积累，相对较丰富，所以他们能够管理团队、指导他人开展工作。

随着职业生涯的继续发展，一直到生涯晚期，人们常常会有“长江后浪推前浪”的感触。因为职业生涯晚期，个体的智力和潜能已经降到比较低的水平，新知识和新技能的学习变得非常缓慢和吃力，而可迁移技能的积累已经达到较高水平，经验值也最为丰富，但受限于身体、精力等因素，自我管理技能也会出现衰退，所以工作效率相对不高。如果这时候能投入更多的时间指导新人，将经验传授给后来者，无疑是发挥职业效力很好的途径。

因此，在毕生的职业生涯发展过程中，要根据职业能力发展规律分阶段发展和发挥自己的职业能力，通过不同模块职业能力的互相补充，能够使自己的职业能力始终在整体水平上保持较好的状态，从而保持自己的职业竞争力。

更多与职业能力相关的内容，我们将在第四章中详细介绍。

财经与政法类大学生的专业认知

我的专业与学科地图

专业探索的最佳阶段

大学的专业学习是掌握职业能力和专业技能的重要方式。专业就像一把“双刃剑”，学习自己感兴趣的专业，并且掌握了专业发展的规律，就会为将来的职业发展奠定坚实的基础；反之，由于对大学专业不了解，大学学科类别招生和专业调剂等原因，“专业”有时候会成为大学生涯最大的“麻烦”。因此，对于专业的认识是大学期间非常重要的任务。专业探索贯穿整个大学时光。

1. 大一入学阶段

也许高考选专业时是盲目的或被动的，在大学入学以后，可以着手对所选专业进行全面的认识，此时时间相对充裕，新生的可接受性和可塑造程度也很高，对新的学习要求更容易接受。总的目的是适应生活和为大学规划做准备。特别值得注意的是，大学提供了转专业和修读第二专业的机会，都会将大一学年的成绩作为重要条件。

2. 大二学习阶段

进入大二后，对基础课程已经有所了解，许多同学对于自己是否喜欢、是否适合学习这类专业有了初步判断，有的同学还会对这个学科产生更多好奇和期待，从而去主动搜集资料，开展专业研究。这个时期能够帮助你加深专业思考。

3. 大三实践阶段

实践可以检验所学专业的实用性，在职场实习的同学会引发对专业的职业发展更多的思考，了解职业对专业的要求，或者为考研做准备。大三阶段也是对专业进行再定位的阶段。

4. 大四考研或就业前

为考研或就业确定方向，考研的同学对专业的学习将更加深入，就业的同学在专业探索过程中需要更紧密地结合就业市场，发挥专业优势，找到第一份工作。

5. 研究生入学阶段

有些同学对研究生的专业选择可能也是盲目的，因此需要对研究生所学专业的发展进行再探索，如果不适合或不喜欢，那么要考虑锁定细方向，或者及时调整专业发展方向。如果已经确定好走专业化发展路线，专业探索部分就应侧重研究生期间的专业学习和毕业后的专业化路线发展。

全面的专业认知的方法

1. 专业八问

在开展专业探索前，要先明确一个观点，非客观、非理性的专业选择都是“任性”，所谓的适合不适合都只是主观感受，没有事实依据。理性的专业探索需要做大量工作，而且可以看作一个系统项目，既能帮助我们了解专业的实质，也可以锻炼我们的学习和研究能力。在此基础之上做出的专业发展或调整决策才是科学、客观的。

立足于目前的专业，不管你是刚刚开始了解还是已经有所认识，可以对自己的专业做以下8个问题的探索：

（1）本专业的培养目标是什么?

要界定专业的范围及人才培养目标。这部分内容在高校各院系的人才培养方案中就可以找到，即使是相同专业，不同高校之间对此专业人才培养的定位也是不一样的，同学们可以到相同层次有同样专业的财经政法类高校网站上多看看。

（2）本专业的核心课程及要求是什么?

同样，在人才培养方案中可以找到相关要求，包括多少学分、课程的结构、考核要求等。一般来说，核心课程都是围绕人才培养目标设定的，所以即使是相同专业，不同高校的课程设置也有很大差异。比如，财经与政法类高校的各个专业都会融入财经与政法类基础课程设置，以期让学生们在具备专业功底之外，还能结合财经与政法的通识能力。

（3）本专业不同课程的学习方法有哪些?

涉及学习方法的问题就需要借助网络和前辈的经验了，可以通过采访“学霸”师兄师姐或同学，了解如何学好各门课程。另外，可以将课程分类搜集学习方法。比如，理论课和实验课的学习方法可能有很大差异。

（4）本专业的名校、名师和名人有哪些?

了解本专业最优秀的群体都在开展哪些工作。特别是你所在学校的该专业并非国内同类型排名优先的专业，你更需要了解国内该领域最好的专业对学生的要求是什么，看看自己和他们的差距。另一方面，也可以找该领域名师公开课进行系统学习，或者看名人的学习经验与职业发展，帮助自己制定专业学习计划。

（5）本专业可用的学习资源有哪些?

包括师资资源、图书馆资料库、高校实验室、实习基地或实践机会等综合性的资源。从自己学习的角度来说，可以拓展为更广泛的学习资源，比如，加入本专业学习小组圈子或社团、网络课程、专业培训资源等。

（6）本专业有哪些实践技能需要掌握?

任何学科和专业都不是纯理论的，也需要掌握一些通用技能。比如，法学院学生需要具备良好的思辨能力和表达技巧，作为核心竞争力一定要掌握；而理工科专业的学生需要有特定软件的操作和应用能力。这些实用技能的训练方式有哪些，也需要逐一去了解。比如，可以加入兴趣小组、做科研课题、多做实验等。

（7）本专业的就业情况和职业发展是怎样的?

本专业的前辈们都去哪儿了? 这可以向班级辅导员、学校就业中心老师和学长学姐了解，并且结合经济社会发展趋势逐步定位所在专业能够从事的工作及发展前景。

（8）本专业的相关专业有哪些?

职业社会对人才要求越来越高，也越来越倾向于综合性与专业性相结合的人才，提前学习相关专业的知识能够拓展本专业适用的范围，给自己增加专业选择和职业选择的机会。

2. 专业八问的探索举例

在财经政法类高校，总是会有一些看上去比较“小众”的专业，学生们对自己专业的优势认识不足，没有就业的自信和底气，下面我们就以中文专业为例，通过专业八问来看看这些“小众”专业到底该怎么认识与规划。当然，本例搜集的信息综合了各方面材料，同学们在实际探索中可以继续补充、完善。

表1.7 中文专业的专业八问示例

1 本专业的培养目标是什么?

- 适应社会经济发展需要；
- 有深厚的中国文化底蕴和较高的中国文学素养；
- 了解经济、管理、法律等知识；
- 熟练的语言表达技能；
- 能在学校、国家机关以及新闻、出版、影视等文化部门和企事业单位从事教学、管理、编辑采访、策划等工作；
- 汉语言文学的高级专门人才。

2 本专业的核心课程及要求是什么?

核心课程：
古代汉语、现代汉语、语言学概论、中国古代文学史、中国现当代文学史、外国文学史、文学概论、应用文写作、美学概论、文化产业概论等。

主要要求：
- 系统掌握汉语言文学基本理论、基本知识和语言表达技能，具备较丰富的人文底蕴和较高的文学修养；
- 熟悉中国文学最新的研究成果和发展动态，掌握人文领域、文学领域主要的研究方法；
- 了解我国文化事业发展的状况和国家的文化战略、文化政策与法规，熟悉国际文化产业的运行规则和模式，掌握文化产业设计、策划、宣传、营销和管理等方面的知识和技能；
- 熟练掌握一门外语，听、说、读、写、译能力强，熟练运用计算机技术；
- 普通话达到国家规定的等级标准。

3 本专业不同课程的学习方法有哪些?

- 文学类：文学理论、文学史和文学作品，侧重理解概念、术语和基本观点，结合文学发展、创作的背景综合理解与分析；
- 语言类：语音、词汇、语法、修辞、语言的发展规律、结构及变化情况等；
- 写作类：写作理论的学习和写作训练。提炼观点、透过现象看本质，要训练排篇布局、构思情节、写作技巧等方面的能力。总体来说，日常要养成勤动笔的习惯。

除此之外，要多侧面多角度地体验生活，加深对生活的理解和反思，充实自己的情感。

续 · 表1.7 中文专业的专业八问示例

4 本专业的名校名师和名人有哪些?
● 名校名师：北大中文系及相关老师； ● 古代名人：孔子、孟子、李白、杜甫、李清照、曹雪芹、罗贯中等； ● 近现代名人：鲁迅、老舍、巴金、茅盾、冰心、钱钟书、莫言、莎士比亚、巴尔扎克、简 · 奥斯汀、歌德、泰戈尔、梭罗、泰戈尔、川端康成等。
5 本专业学习资源有哪些?
● 老师推荐的书刊； ● 学校的社团：校报编辑部、广播台、文学社、话剧社等； ● 图书馆书刊和数据库； ● 读书会； ● 网络资源。
6 本专业有哪些实践技能需要掌握?
● 语言表达：说和写； ● 公文写作； ● 财经与政法相关领域的思维能力和实践能力； ● 基本软件应用。
7 本专业的就业情况和职业发展是怎样的?
侧重基础、理论学科，非应用学科，所以在各个领域都可以有用武之地。就业领域有： ● 教育培训：高校、科研院所、国际汉语教学等； ● 新闻与传媒：采编类岗位、栏目记者、作者、广告策划； ● 事业单位：宣传、文化工作； ● 企业：总经理办公室、秘书、企业宣传、行政、策划、文案； ● 自由职业：作家、文字工作者。
8 本专业相关专业有哪些?
哲学、心理学、历史学、社会学、新闻与传播学、美学、经济学、管理学等。

探索专业的自我标准

1. 了解自己的特点

除了用专业八问全面搜集专业信息，还要结合第一节讲到的关于自我认识的知识，了解自己的价值观、性格、兴趣和能力，对专业是否喜欢，性格、能力或价值是否适合本专业，能否通过努力或调整价值期望而最终适应本专业的要求。

案例

常规型职业兴趣如何匹配相关专业？

常规型（霍兰德职业代码为“C”）职业兴趣的典型特征是传统，精确，注重细节，做事有条理、有恒心、有效率，服从组织安排，忠诚等。常规型的人踏实、稳重、平和，却有些缺乏竞争意识。他们能完成上司交付的任务，严守纪律，却不太奢求更高的职位和工作形式。常规性的人默默耕耘，是集体不可缺少弥足珍贵的一份子，是不可或缺的贤内助帮手。

基于上述分析，常规型的职业方向可以是各类与文件档案、图书资料、统计报表之类相关的工作。比如，会计、出纳、统计人员、打字员、办公室人员、秘书和文书、图书管理员、导游、外贸职员、保管员、邮递员、审计人员、人事职员等。相关的专业定位可以是：会计学、财务管理、旅游管理、图书馆学、档案学、信息资源管理等。

学生故事：数据不再无味却让我身心沉静。小P同学，某财经大学本科生，性格平和、规律生活、稳中求进……有时会想，这样的生活是不是有点不刺激，没有轰轰烈烈。这样的平淡和简单让我在生活中从容地面对挫折和挑战。这样的我在填报志愿的时候没有好高骛远，选择了自己喜欢的会计学专业。现在我已是大二，从刚开始的不适应和小排斥到现在全身心地投入，它让我严谨，也让我细致，让我能够从会计学的角度分析生活中很多杂乱无章的数据，从而让身心沉静。我很享受那种清晰和明快的感觉，伴着我从容不迫的生活态度，填补着每一天有意义的生活。

资料来源：根据网络资料编辑

2. 通过行动验证

如果你能够在以下行动中做到3条或者更多，那么你已经通过专业促进行动表达了你对本专业的喜爱，以及你有能力达到本专业的要求。

- 熟读一本或几本专业概述教材；
- 跟进专业领域的最新活动和进展；
- 喜欢并能够与专业领域的人士对话；
- 主动去了解本专业毕业后的发展方向；
- 能针对感兴趣的知识开展研究，并撰写专业论文；
- 喜欢本专业的书籍、喜欢听专业课或喜欢思考本专业的问题；
- 愿意与他人分享、讨论、传授与专业相关的知识、技能等。

专业学习和调整

如何学好一个专业

要学好一个专业需要下很大的功夫，不过可以通过前辈们的一些经验标准进行判断。以下大家可以选择其中的一种或几种方法，罗列具体的执行计划，坚持下去，你一定能成为本专业的小行家。

- 用自己的话解释所学的专业概念________个（数量根据本专业的要求确定）；
- 将专业知识通俗化，向非专业人员解释专业现象或解答专业问题；
- 建构专业知识框架，编写一本专业通识手册；
- 抄写一本国内的专业通识课教材；
- 翻译一本经典的外文专业通识教材；
- 做感兴趣领域的系列研究，并撰写一篇专业论文；
- 访谈________位专业领域人士（数量根据自己的能力和资源确定）；
- 累计超过一个月的专业相关工作实习。

如何实现专业跨栏

如果做完了上面所有的工作，自己也努力去适应本专业的要求，但发现自己还是不愿意在本专业领域继续发展下去，仍然有一些途径是可以帮助同学们转换专业的。不过在此之前，你还是需要先进行全面、客观的研究，包括前述的“专业八问”，尝试新的专业学习等方式之后再作决定。

1. 转专业考试

了解学校是否有入学后调整专业的政策或办法，了解转专业考试的条件和要求，并提前准备。转专业考试一般是在大学一年级（具体情况要了解不同学校的要求），对平时学习成绩、综合素质以及最终的考试成绩有要求。转专业考试也分为笔试和面试，同学们要提前准备。

2. 辅修第二学位

如果你已经错过了转专业考试的机会，辅修第二学位课程也是一个很好的补充。比如有些高校开放了某些热门学科的双学位课程，一般是周末上课，同学们可以通过辅修第二学位拓展自己的专业发展面，去其他高校体验不同的学习氛围，也能满足自己的兴趣。

辅修之前需要登录高校网站了解辅修的要求。一般来说，辅修课程的开设是在大二年级，需要花费金钱和时间。尤其是在周末诱惑因素很多的情况下，同学们是否能够坚持学习并拿到辅修学位，确实是个考验。

3. 跨专业继续深造

如果你们学校及周边高校也没有感兴趣的双学位课程，同时你还有希望继续深造的想法，那么转专业考研也是实现改变专业学习的途径。跨专业考研的难度相对大一些，但考研的要求也比较明确。明确了要求和目标，接下来就只剩努力了。

大学期间的职业生涯发展任务

对大学的正确认识

角色转变

根据生涯发展理论，不同人生阶段的人们承担了不同的角色与要求。适应各阶段的角色与要求是各阶段的生涯发展任务，同时也能为下个阶段打下基础。许多同学刚进大学都会有一个适应期，像下面案例中这位同学的类似情况并不少见。有的同学对于大学和中学的差异缺乏认识和比较，没有及时转换自己的角色。要求不同，角色也会有很大差异，我们不妨来探索一下。

怎么办

小F是中南财经政法大学会计专业的新生，长期以来成绩优秀，是老师、父母和同学眼中的乖乖女、好学生。专业是父母帮她选的，平时的大小决策也是父母代劳，很少独立出远门。来到大学后，远离了父母，没有了长辈们的安排和建议，小F一时不知所措。一方面是生活上自理吃住不习惯，另一方面是学习上大学教师没有中学教师管得那么严格，上课制度也很松散，很长一段时间小F都不知道要做些什么，学业上开始出现一些听不懂、跟不上老师授课进度的地方。还有自己的专业，并不像父母描述的那么符合自己，因为父母是公务员，从事财会类岗位，他们也希望小F毕业后能遵循他们的经历考上公务员，但是她现在对专业一点认识也没有……诸多问题让小F同学陷入困惑，那个一贯优秀的自己到底去哪里了？

在职业指导老师的帮助下，小F做了一个个人角色探索练习。

她拿出一摞小纸片，先写出自己在中学时期的角色及主要任务，小F写下了：女儿、朋友、学生这三个主要角色，并罗列了各个角色的主要任务。

女儿	朋友	学生
听父母的话、陪伴父母、爱与关怀他们。	给朋友提供帮助，一起学习、玩耍，相互支持。	按时上课，完成作业，遵照老师的安排，考试取得好成绩。

随后又拿出一摞小纸片，写出了自己在大学时期的角色及主要任务，她写下了：女儿、学生、朋友、班委、社团成员、室友这些角色，并罗列了这些角色的主要任务。

女儿	学生	朋友
家庭联系、爱与关怀、报喜不报忧。	自己制定学习计划、自学上课没讲到的知识、通过专业考试和英语四六级。	孤单的时候聊天、学习和一起玩、互相帮助、让彼此快乐。

班委	社团成员	室友
帮助老师处理班级事务、服务同学、定期参加班委会议、写一些工作材料。	遵守社团规章制度、协助组织社团活动、拉赞助、宣传。	生活伙伴、互相关心适应环境、及时提供帮助。

从小纸片的角色与任务来看，刚进大学不久的她已经面临了许多新的角色，而且之前的角色任务上也发生了诸多改变。在老师的指导下，小F主要总结了新角色和新任务的共同点：

适应环境　独立做主　关心他人　承担责任

当她认识到新角色对她的要求有这几个核心特征之后，老师又让她思考了如何做到这四点要求，请她从自己不同的角色上全面思考并制订具体的行动计划。通过这样的梳理，小F对大学生活的认识又更进了一步，并且能够通过切实的行动来改善现状。

大学期间的职业生涯发展任务

职业生涯规划，简单来说就是知己、知彼、决策、行动。大学阶段是毕生生涯发展的探索期和准备期。做好进入职场的各项准备，并逐步接近人生目标，是这一阶段的主要任务。

根据知己、知彼、决策、行动的要求，转换为大学期间的生涯发展任务可以用“一二三”来代替：“一”即确定一个目标，即大学四年的发展目标，也可以是人生的发展目标；“二”即了解两个世界——自我世界和职业世界；“三”即学会三种本领——做人、做事和做学问。

大学期间的生涯发展承诺

确定一个目标，即大学期间的发展目标，这个目标可以很大，也可以很具体。探索目标并非易事，需要结合自我和环境等各方面的综合分析才能有较为客观的判断。不论怎样，大学期间确立目标，做出生涯承诺，能够增进行为动力，促进行动。大学期间的职业生涯承诺主要是回答几个问题：大学毕业以后从事什么工作、大学期间要培养哪些能力、成绩和外语水平的目标是什么、学历的目标是什么。

1. 以终为始的愿景

以终为始，是从结果反观现在，看看要达到自己期望的结果现在需要做些什么。一般可以通过以下问题进行探索：

- 想象你在大学毕业时的自己，请具体描述那时的状态。
- 假如你已经达到了那样的状态，你认为会对自己有什么影响?
- 要达到上述状态，大学期间你要做的事情有哪些?

2. 目标并非一成不变

如果你暂时无法确定自己的目标也没有关系，因为目标本来就是需要长期探索的过程，需要个体具备综合而全面的信息与判断。同学们暂时做不到确定目标，可以先立足于当下的任务，逐步实现。

如果你确立了目标，要明白目标并非一成不变；相反，它总会随着时间的进展而发生阶段性的变化，但从总体趋势上来说，如果朝着同一个方向在变化，则说明目标已经稳定。

大学期间生涯发展任务

根据职业生涯规划理论框架，大学期间的生涯发展任务从总体上来说可以用表1.8来表示。纵向看，职业生涯规划的各项任务贯穿着整个大学四年；横向看，各年级有细化的职业规划任务，并且不同年级的侧重点不同；同时，每个年级在确定发展任务前，先审视上一年级的执行情况，及时完善和调整发展方向。

表1.8 大学期间生涯发展任务

	知己	知彼	决策	行动
大一	个体我	学校专业	专业方向	通识、技能
大二	社会我	职业世界	实践方向	专业（辅修） 实习实践
大三	职业我	就业形势	毕业去向	备考 实习实践
大四	潜力我	生涯机会	长远发展	应考 求职

从具体的任务来说，我们仍然可以开展多种多样的大学生涯发展任务。

1. 学习

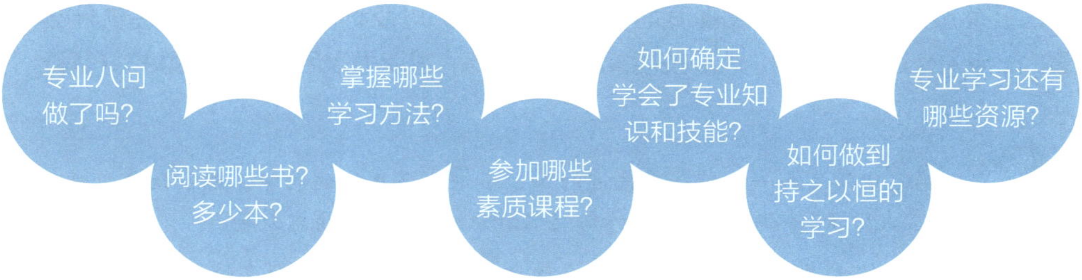

专业八问做了吗?

阅读哪些书?多少本?

掌握哪些学习方法?

参加哪些素质课程?

如何确定学会了专业知识和技能?

如何做到持之以恒的学习?

专业学习还有哪些资源?

图1.2 学习任务确认list

2. 实践

所有的实践都是指向具体的发展目标，这些目标可以围绕培养兴趣、提升能力、训练心态、休闲娱乐等各个方面去设定，并按照下列矩阵模型作规划，既给每个实践以意义，又能够避免重复，尽可能最大化实践的价值。

表1.9 大学期间实践与目标的关系

实践内容	目标1	目标2	目标3	目标4	……
参加A社团					
参加B社团					
学生工作C					
考D证书					
校外E实习					
……					

3. 伙伴与支持

从伙伴处寻求支持和为他人提供支持是人际交往的基本能力之一。简单地说，就是彼此服务，即你能多大程度地获得伙伴资源，以及你能为你的朋友提供什么价值。在与人交往的过程中，人际技能能够得到训练，也能为以后的职场人脉打好基础。

过来人

L师兄是一个特别受欢迎的人，不论哪个年级的同学，都亲切地称呼他为“大师兄”。L师兄为什么人缘这么好，关键在于他愿意分享。

“你愿意与他人分享，那么你也会结识到愿意和你分享的人。”L师兄在接受采访时说道。

原来，他在大学期间总是将自己的学习心得、生活方式、日常经验、信息资源等分享给身边有需要的朋友，久而久之，大家有问题或困难都愿意去找L师兄咨询求解。后来，L干脆在自己的微信、微博里分享他觉得实用的内容，可以对更多同学有所帮助。另外，他还自己组织一些读书会、兴趣小组等，将愿意分享的同学们集合起来，大家群策群力，有更多的资源共享，每个人都得到了提升。而L师兄也在其中收获了不少真心朋友。

“朋友就是我们的镜子，你选择做什么样的人，那么你就会拥有什么样的朋友。”现在的L同学已经在一家外资企业就职，相对自由平等的环境和互惠共赢的文化非常适合他的为人处事风格，在这里，他延续了自己分享的特点，为同事们和所在组织继续创造价值。

你不是一个人在战斗

大学就业指导服务中心的功能介绍

进入大学前，你对图书馆、教务处、食堂、团委等校园里的机构很熟悉。进入大学以后，你还要了解一个非常重要的部门——大学的就业指导中心，它将为你的大学规划、职业选择和求职就业提供服务和资源。

1. 就业指导中心能够提供哪些服务

（1）职业发展服务

大学的就业指导中心会通过举办各类活动、开设职业发展课程、提供个别咨询或者制作教育资料等方式，提供与专业选择、学业规划以及职业发展相关的咨询、培训和教育服务。

（2）求职就业服务

就业指导中心通过与用人单位建立联系、建立就业实习基地、收集招聘需求、举办校园招聘会和就业推荐等方式为本校的同学提供实习和就业机会。应届毕业生主要的就业机会是通过学校的就业指导中心获得。

（3）毕业就业管理

大学的就业指导中心会根据国家的就业政策和管理制度，进行毕业生数据统计、办理“就业协议书”鉴证盖章手续、编制和报送就业方案和办理就业派遣等工作。

2. 怎样获取就业指导中心的服务

就业指导中心拥有专业的服务和丰富的资源，是你职业发展道路上的重要支持，它也和大学里的其他部门一样，秉承开放性原则，如果你自己主动，各种服务均可为你所用，但如果你自己不去争取，它也会离你很远。你可以通过以下几种方式获得就业指导中心的服务：

（1）定期去就业指导中心看看

就业指导中心通常会有公共阅读的空间或者公共资料架，在这里你可以免费获得各种参考资料和最新的活动信息。

（2）参加就业指导中心学生团队

就业指导中心通常会组建学生团队负责活动宣传、用人单位联络和资料制作等，参加它的学生团队无疑是最近距离与就业中心接触的方式，你可以获得很多意想不到的好处。

（3）关注就业指导中心的网络媒体

包括就业中心的网站、微信公众号和其他网络媒体平台，各种服务、最新的活动公告和实习、招聘信息都会在上面发布。

（4）积极参加就业指导中心的各种活动

就业指导中心每学期都会举办大量的讲座、校友访谈、团体辅导、企业参观等，这些活动都会向全校同学开放。

（5）选修相关课程

根据教育部的规定，高校要开设职业发展选修课程，这些课程通常也是由就业指导中心老师承担。

大学可利用的资源

1. 学长学姐

校友是高校最珍贵的资源之一，他们分布在各地各行各业，又能够因为母校情结而聚集到一起。在大学期间要充分与学长学姐以及自己的同学们建立良好的关系，未来各行业校友都能够互相支持和帮助。在求职时，如果有校友的指导和推荐，成功的机会将会更大。

2. 图书馆

大学期间有很多免费的资源，图书馆就是其中能够发挥最大价值的地方。在自己有时间、有条件的情况下，多去图书馆阅览书籍，对知识基础和视野的提升有非常大的好处。

3. 开放式课堂

大学教育是通识教育，同学们可以在时间、条件允许的情况下多选择一些课程，特别是提升通识知识的素质类课程。一旦走入职场，你就会明白这样免费的专家教育是多么珍贵。

4. 社团和兴趣小组

这是培养兴趣和提升能力的地方。选择自己最喜欢的、最愿意去投入做的社团或小组，才能有最大收获。

5. 学生身份

大学生身份可以有很多便利。比如，在生活方面，城市公交、旅行、培训、户口等都可以受到优待；在社会评价方面，人们对大学生的态度会更加宽容，允许犯错且成本低，通过试错逐步成长是大学生们的一项特权；在寻求资源方面，大学生也有优势，人们普遍会对学生的求助提供帮助，有时甚至是主动的帮助，认为大学生一般都没有太多的功利目的，所以愿意提供支持。在此基础上，学生们争取与整合资源就会更加容易。

技能GET

在本章，同学们需要掌握的技能有：

1. 自我了解

按照第一节提供的思路，分别探索自己的价值观、职业性格、兴趣和技能。

2. 专业八问

利用一学期的时间对自己的专业进行探索，访谈专业老师和专业学习榜样（或前辈）、查阅专业资料等，整理本专业或感兴趣专业的全面信息。

3. 确定大学阶段生涯发展目标及行动

“梦想还是要有的，万一实现了呢？”大学期间的目标也是要有的，接近目标的过程就是成功。按照本章第三部分提供的思路探索自己的生涯发展目标，并将其细化为可操作的重要行动，在四年的时间内逐一去实现吧！

02

我的未来之**行业定位**

如果要给社会职业世界绘制一张地图，行业与职业就是地图的经度和纬度，通过经度和纬度方能给职业生涯定位。职业生涯规划一方面要通过了解兴趣、性格、价值观和动机等来确定自身对职业的需求，另一方面则是通过探索行业和职业，让职业需求转化为符合现实的职业定位，并了解目标职业对从业者的要求，为实现目标设计可行方案。目前的职业生涯规划工具大多数集中在“自我认知”方面，因此绘制职业世界的地图更需要个人的努力，此部分我们将向大家介绍行业定位的方法和应用。

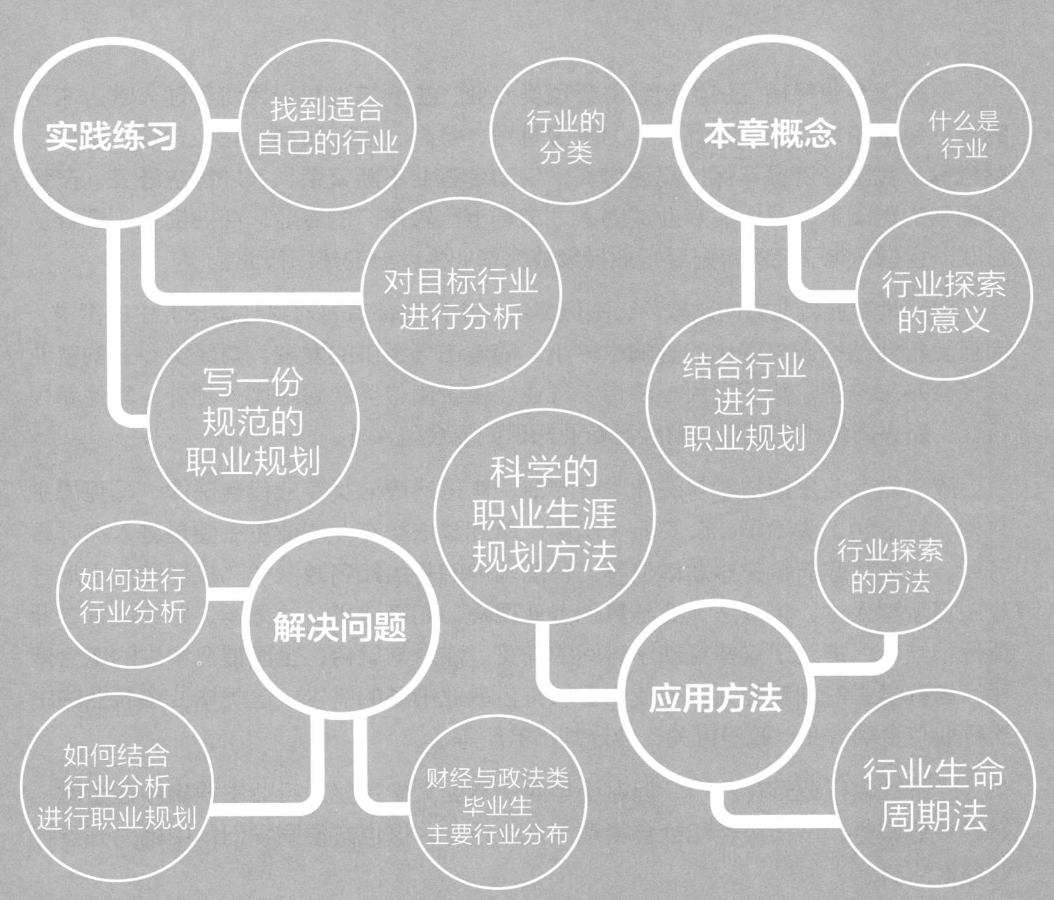
实践练习
找到适合自己的行业
对目标行业进行分析
写一份规范的职业规划
本章概念
行业的分类
什么是行业
行业探索的意义
结合行业进行职业规划
科学的职业生涯规划方法
解决问题
如何进行行业分析
如何结合行业分析进行职业规划
财经与政法类毕业生主要行业分布
应用方法
行业探索的方法
行业生命周期法

哪些行业适合你

财经与政法类毕业生就业的主流行业

财经类专业是指经济类和经济管理类专业，主要培养高级经济管理人才。常见的专业包括市场营销、会计、人力资源管理、金融、国际贸易、企业管理、统计、财税等。我国经济多年保持高速增长，带动金融业不断繁荣，人才需求旺盛。在这些因素的影响下，财经类专业成为人才市场上比较热门的专业，商业银行、证券、互联网金融、电子商务等财经行业持续成为毕业生就业的热门行业。

财经类专业就业方向比较广，国民经济各个行业都有着对财经类毕业生的需求，而且受行业结构调整变化的影响也较小。随着市场经济的发展，财经类专业的就业途径会越来越宽。除了国民经济传统行业、传统岗位需要财经类人才外，其他新兴行业、新兴岗位也需要具有财经类专业知识的复合型人才。

政法类专业是指法学与法律类等专业，常见的政法类专业包含法律、马克思主义学、社会学、政治学、公安五个门类。单纯政法类专业毕业生主要是进入律师事务所、法院、政府机关事业单位等。目前国内的各大知名政法类高校均致力于培养政法复合型人才，将政法专业与其他专业课程，如经济类、管理类、财经类等专业课程相结合，推动了这些互动学科间的交叉、渗透与融合，全面提高学生的综合素质，培养学生的创新能力。毕业生更加符合就业市场的需求。这类毕业生就业的主流行业有金融行业、政府机关、会计师事务所等。

经济社会行业五花八门，但财经与政法专业大学生就业行业主要集中在金融、财经专业服务、法律服务和社会管理等几大行业，这也方便同学们集中精力开展行业探索活动。

关键词

● 银行业

我国的银行业包括中国人民银行、监管机构（银监会）、自律组织（银联等）以及在中华人民共和国境内设立的商业银行、城市信用合作社、农村信用合作社等吸收公众存款的金融机构、非银行金融机构以及政策性银行。现在我国的银行主要类别有政策性银行、四大国有银行、股份制商业银行、非银行金融机构、城市商业银行、农村信用社、外资银行。

● 证券业

证券业是指从事股票、债券、商品期货等证券发行和交易服务的专业行业，主要包括监管机构（证监会等）、证券交易所、证券公司、期货公司、基金公司、证券协会及信息服务机构。

● 管理咨询

管理咨询是由专业性咨询公司在企业提出要求的基础上深入企业，并且与企业管理人员密切结合，应用特定的方法解决企业提出的问题，使企业的运行机制得到改善，提高企业的管理水平和经济效益，可分为战略咨询、财务咨询、税务咨询、市场营销咨询和IT咨询等细分方向。

● 会计师事务所

会计师事务所是指依法独立承担注册会计师业务的中介服务机构，由具备会计专业水平并经考核取得法定证书的会计师，受当事人委托承办有关审计、会计、咨询、税务等方面业务的组织。在我国，“四大”会计师事务所占有高端业务的大部分市场份额，近年来中资会计师事务所的发展速度越来越快。

● 房地产业

房地产业是指从事房地产开发、建设、经营、管理以及维修、装饰和服务等多种经济活动的综合性产业。主要组成包括土地开发和再开发、房屋的开发和建设、房地产经营、房地产中介、物业管理和地产金融等。

● 快速消费品

快速消费品行业是当前非常活跃的一个行业类别，一般包括：个人护理品行业、家庭护理品行业、食品饮料行业和烟酒行业四大种类。由于中国人口众多，消费品需求巨大，中国成为世界上最重要的市场之一，高端领域以外资为主，但是在日常生活和中低端市场，中资企业拥有绝对的优势。

● 保险行业

保险行业按照业务范围可分为财产保险和人身保险两大类，由监管机构（保监会）、行业自律组织（保险业协会）、政策性保险公司、人寿保险公司、财产保险公司、保险经纪公司及其他保险服务公司构成。

● 律师事务所

律师事务所是律师的执业机构，接受当事人的委托，提供各种法律服务。律师事务所一般开展刑事、民事、行政、非诉、顾问和咨询六大类业务。其中，顾问等非诉业务是律师事务所业务的基石。国内业务一般由中资律师事务所开展，国际业务以外资律师事务所为主。

●社会管理

包括政府机关、党务机关、人大和政协机关、公检法机关、民主党派机关、人民团体、教育、医疗和监管机构等各类事业单位。

数据

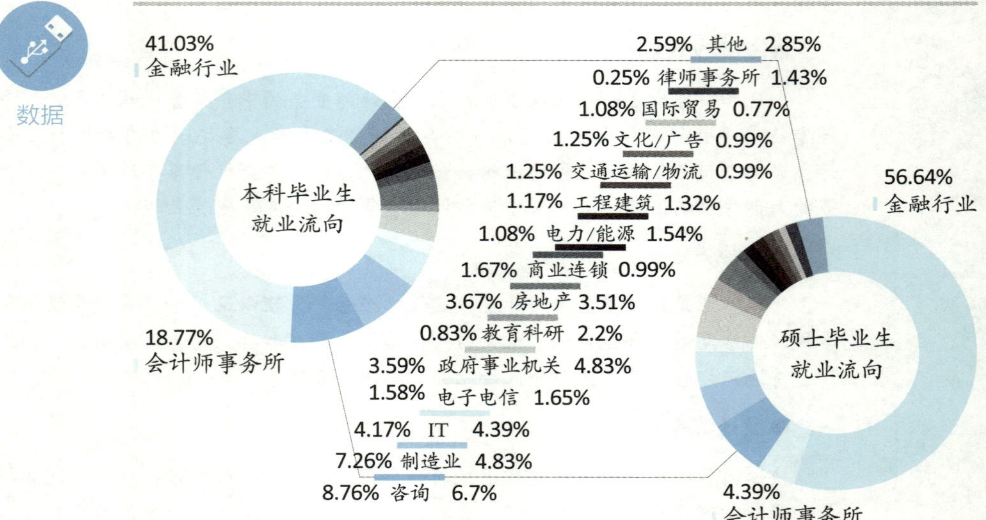

图2.1 某财经类大学2014年毕业生就业去向

数据来源：上海财经大学2014年毕业生就业质量报告

哪些行业适合你

行业探索的意义

大学毕业生的第一份工作非常重要。在选择第一份工作的时候一定要把自己的能力、兴趣、性格、价值观和行业分析结合起来综合考虑。行业的选择会影响大学毕业生未来至少5~10年的职业发展与职业生活。行业探索的意义主要有三个方面。

1. 合理定位

职业规划领域有一句名言：你今天的选择造就了未来的你。三百六十行，每行都有兴衰成败的周期，每行都有职业文化特点，每行都有职业发展规律，每行都有人才需求特征。大学生没有进入过职场，对行业相当陌生，职业认知主要来源于家庭或者媒体等社会影响，容易形成刻板印象。我们需要通过职业探索发现真实的职业世界，找到符合个人兴趣、价值观、人格特征、能力天赋和客观需求的职业定位。

2. 能力规划

“不积跬步，无以至千里；不积小流，无以成江海。”虽然就业可能是两三年以后的事情，但职业发展是终身的事，所以现在就要开始做准备。以行业与职业的要求为准绳来规划自己在大学里的学习、实践和生活，有针对性地开展能力培养和职业资格准备，才能在将来的就业与职业发展中处于主动地位。

3. 终身发展

研究发现，人的一生会进行3~5次的职业变换，职业探索活动具有终身性。培养科学的职业探索意识和能力将会持续作用于今后的职业生涯发展各阶段。首先，它会帮助个体建立有序的职业世界概念；其次，它会提升个体对职业世界信息搜索、分析和决策的能力；再次，它能引发个体追求更高职业发展的动机；最后，养成为未来职业发展进行能力和资源储备的意识和习惯。

行业的分类

俗话说"三百六十行，行行出状元"，那么问题来了，你能说出有哪三百六十行吗？如果凭个人有限的经验，熟悉的将寥寥无几，而且经验或直觉往往造成偏见，因此需要标准化的行业划分工具。在行业探索中主要用到以下两个分类标准。

1.《国民经济行业分类》

我国的国民经济产业划分标准于1984年首次发布，2011年进行了第三次修订，最新标准参照2008年联合国修订的《国际标准行业分类》修订版第四版（ISIC4），并依据我国近年来的经济发展状况和趋势将国民经济划分为20个大类、95个二级门类、432个三级门类和1 094个具体行业。从2014年起，教育部属高校（包括"985"和"211"重点大学）均要向社会公布本校的就业质量报告，其中的行业流向基本按照该标准进行统计。

2.《上市公司行业分类指引》

该分类由证监会根据《国民经济行业分类》、《中华人民共和国统计法》、《证券期货市场统计管理办法》等法律法规和相关规定以及我国A股市场上市公司情况制定，主要以上市公司营业收入等财务数据为依据进行分类，最新版于2012年制定，并每年调整各个类别的上市公司名单。上市公司大多是我国各行各业中最优秀的公司，是分析行业周期和行业发展趋势等的重要标的，并且可以从wind（万得）资讯等金融数据库便利地得到相关数据，因此是职业选择中重要的行业分析工具。

综合《国民经济行业分类》和《上市公司行业分类指引》，财经与政法类专业毕业生就业主要包括金融、商业、房地产、IT、专业服务、教育、国家管理及公共服务7大类40多个细分行业，它们是进行职业选择时的主要行业（详见表2.3列示的根据GICS与《国民经济行业分类》整理得到的经济管理相关行业）。

网络互动

行业分类资源网站：

国家统计局行业分类：http://www.stats.gov.cn/tjsj/tjbz/hyflbz/

中国上市公司协会行业分类：http://www.capco.org.cn/list/hyfl_result.shtml

过来人

从事投行的职场感悟（上海财经大学法律硕士专业付学长）

时光荏苒,在财大度过充实的3年之后，本人再次投身职场，目前在光大证券投行管理总部做质控专员。鉴于不少同学对投行都很感兴趣，我简单介绍一下国内投行的主要业务和发展方向，给有志于从事证券行业的同学一个参考。

传统意义上的投资银行是主要从事证券发行、承销、交易、企业重组、兼并与收购、投资分析、风险投资、项目融资等业务的非银行金融机构。简单点说，从事资本市场业务的非商业银行金融机构，就可以被划作投资银行。国内的券商投行业务主要包含4大类：股票的承销与发行、兼并与收购财务顾问、债券相关业务、代办股份转让。不同券商其部门设置不一样，比如，可能将债券业务单独设立固定收益部，代办股份转让单独设立三板部门。

对于大部分国内券商来说，目前投行业务中收入和利润占比最高的还是股票的承销与发行。承销又可以分为业务承揽和企业保荐两个阶段。业务承揽很容易理解，找到想上市发行股票的企业。保荐的主要工作内容是按照相关法律、会计制度的要求，向证监会和投资者提交企业上市材料。股票发行的重点在于寻找买家和股票定价。

从概念上来说，证券研究、资产管理也是属于投资银行业务，但是这两个部门不论是业务类型还是从业人员专业要求跟上面所说的投行业务差别都很大，主要偏向金融工程、数学模型等方向。按照国内制度规定，投行、研究所、资产管理必须作为不同的业务部门设立，并且部门之间要有业务“防火墙”，以防止内幕交易和操纵市场行为。

我相信，对于所有投行人来说，选择投行，高收入肯定是最主要的原因之一。在目前来看，金融行业无论是平均收入还是起步收入都高于大部分其他行业。对于我个人来说，投行还有两个吸引我的地方：

1. 作为轻资产的智力密集型企业，人就是证券公司的核心资产，无论是个人归属感还是价值创造性，我觉得都比在生产制造型企业环境要好。

2. 做投行业务，可以接触到很多上市公司和拟上市公司的高层，这些都是各领域的佼佼者。无论是对于个人的成长还是人脉的积累，都是不可多得的机会。

第一份工作很重要，但是没有很多人想的那么重要。经常能听到这么一种说法，“我觉得××职业不适合我的性格”。其实我们每个人的可塑性都远远超过自己的想象。30岁以前更多的是工作塑造性格，而不是性格来选择工作。目前，据我了解，没跳过槽的本科同学是极少数，并且绝大多数都觉得之前的工作经验对于现在是不可缺少的。不要认为换行业就是走弯路，不管什么工作，认真做好自己的事情，不断地积累能量来提升自己，对将来一定会有帮助，现在流行复合型人才。人生有无限种可能，每个职业都有各自的精彩。接受自己不能改变的，改变自己不能接受的。预祝大家都能找到一份满意的工作。

最后，国际惯例，谢谢我身边所有的人，因为你们，我的人生才如此精彩。

结构化的职业世界思维

众所周知，外部的职业世界有数以万计的行业和职业，一个人要把这些行业和职业都了解清楚是不可能完成的任务，即使在同一学科领域内，对应的行业和职业也有很多，怎样才能高效地完成职业探索？秘诀就是以“分类”为准绳，养成结构化的职业（行业）思维。

结构化的职业世界版图是清晰和相互联系的，即通过某些相关特征把行业和职业识别为“类”和“群”，这就像现实中你和朋友逛街，想到的是“商圈”而不是“商店”。

或许你曾经有过“我对金融行业感兴趣”或者“我想做会计”之类的念头，但这还远远不够，从行业标准开始，我们要描绘结构化的职业世界版图。“金融行业”像一团云般模糊不清，商业银行、保险或者证券业无论是工作内容还是人才需求都有很大区别。“会计”则像大海中的一艘小船那样孤独，万一翻船应如何平安着陆？这样思考职业和行业，缺乏科学性、关联性和准确性，学习过上述职业和行业分类之后，我们思考职业目标时，应该以“类”或“群”为单位。

具体的方法有以下两种：首先，参考现成的行业或职业分类标准。其次，借鉴“职业测评”结果中推荐的职业，从个人兴趣或者可行性出发，找到与推荐职业相关联的职业群。以“金融行业”为例，如果用“证券投资”作为线索，相关具体行业包括证券、公募基金、私募基金、期货和资产管理等；如果用“理财服务”作为线索，相关的具体行业包括商业银行、第三方理财机构、互联网金融等。从职业发展的角度，虽然这些机构的名称不同，但无论行业发展、岗位设置还是职业要求，属于在同一框架内的行业和职业具有高度的相似性。所以，当你思考职业目标时，不应该是一种，而应该是一群或者一类。

怎么办

迷茫的职场新人

小孟是某校工商管理专业的毕业生。毕业后，他在一家小型企业负责公司日常事务及会务招待等工作。一年之后，他开始心烦意乱，对工作非常不满意。再加上他并不看好公司的发展前景，就通过朋友的引荐，到一家外资企业做行政助理。一干就是三年，各方面几乎没有任何变化。最初，他还计划在这家企业逐步提升自己的职位，可三年来，发现障碍重重。他对自己越来越没有信心，对工作也越来越没有热情。于是，他毅然选择了辞职。小孟在家待了整整一个月，希望冷静地思考一下未来的发展方向。他静下心来仔细想了想，发现自己这几年来一直在做着并不喜欢的事情。那么，自己到底喜欢什么样的工作呢？自己究竟适合做什么样的工作呢？他始终找不到方向。他有时觉得自己在大学时所学的工商管理知识在从事行政工作中用处不大。基于这几年的行政工作经历，他又觉得自己可以胜任人事方面的工作。他认定，只要公司足够大，就一定有适合自己的发展空间。于是，他往很多大公司投了简历，结果却杳无音信。几经周折之后，小孟内心充满极大的挫败感，对未来的职场发展充满疑惑与迷茫。

像小孟这样的情况是普遍存在的。一般来说，工作三到五年，很多职场人士就会面临职业发展方向的困惑。这个时期，职场的现实与残酷已经消磨了他们初涉职场时的雄心壮志，取而代之的是难言的焦虑和深重的无奈。但更关键的在于，他们缺乏对专业、对职业、对行业、对自我发展的全面了解和定位。

行业探索与分析方法

行业探索的内容与方法

行业探索的内容

行业探索，就是通过理论分析和实际调研的方式对一个行业进行全方位的解读，通过了解行业能让个人很好地了解职业世界。了解一个行业，我们需要关注以下十项内容：

1．这个行业是什么

包括政府、行业协会和社会公众对这个行业的界定、功能定位和法规限定。深入、仔细地搜集关于行业的定义和服务内容是全面了解行业的开始。例如，根据我国的商业银行法和公司法，对“商业银行”的定义是“吸收公众存款，发放贷款，办理结算等业务的企业法人”。

2．这个行业在生活和社会发展中的作用

每个行业在社会中都是有特定功能的，了解行业对生活和社会的影响可以判断它的发展前景和趋势，从而可以在选择行业和确定发展方向时有长线的准备。这部分内容可以参考一些行业发展报告，通常这些报告对行业的发展历程和功能有详细的介绍。

3．这个行业的细分领域

行业是大类，在行业内部还是有不同的细分，了解不同的行业分类有利于全方位地了解行业。政府、协会或者市场化的分类标准，是掌握行业地位和发展脉络的重要手段，也是找准行业切入口、具体化个人职业发展的重要任务。如金融业就分为商业银行、证券投资、保险、基金管理等。行业细分的内容可以参照上一部分介绍的国家统计局的行业分类和我国上市公司协会的行业分类。

4．这个行业的著名公司

了解不同的行业细分领域后，紧接着就要找到该领域的标志性公司。可以选择

国际排名前十和国内排名前十的公司作为标杆，通过了解这些公司的具体业务来深入地认识行业。同时可以对比国内外不同标杆公司的差距，分析行业的核心竞争力和发展方向，通常国际化公司会领先国内公司五到十年。我们可以通过查阅《财富》杂志每年推出的500强企业榜单来获知业内的优秀公司名字，《财富》杂志除了评选全球500强，针对中国也有多种形式的企业排名。

5. 这个行业的人力资源状况

了解这个行业的人力资源状况，包括从业者数量变化、核心部门和职位等。掌握相关数据和信息之后可以为个人职业决策提供最直接的依据，加速个人职业规划的成熟。该项内容的数据可以查阅国家统计局每年更新的统计年鉴，同时也可以查看有代表性的上市公司的年报。

6. 从事行业需要具有的通用素质和从业资格证书

每个行业对从业的能力和素质要求都有一定的规律，通常表现为胜任力模型、高级证书和从业资格证。胜任力模型是在这个行业长期发展必须具备的能力和素质，高级证书是这个行业核心专业知识和技能的体现，从业资格证书则是该行业的入门基础。该项内容可以通过对有职场经验的学长学姐进行咨询访谈获得。

7. 这个行业有哪些成功人物

每个行业都有成功的代表人物，他们的从业经历和生平值得我们学习和借鉴，为自己进入行业和在行业内发展提供参照。即使是那些已经离开该行业的成功人物，也能让我们知道这个行业的风险和危机。要了解行业的代表人物，最好的方法是看该行业代表性的报刊，如与财经类相关的有《经济观察报》、《21世纪经济报道》、《财经》和《新财富》。

8. 行业著名公司高管的言论

整理或访问行业著名公司高管的媒体访问或者言论，可以直接感受这个行业的发展现状、人力资源需求和未来的方向。在自媒体高度发展的今天，网络大V们在微信或者微博上的发言更加感性和丰富，为我们的探索提供了诸多便利。获得这项内容的最佳办法是看财经类报刊，以及关注这些报刊的新媒体平台。

9. 该行业中普通职员的状态

成功人士和高管通常代表着这个行业高管的一面，而普通员工的状态则更接地气，他们更真实地体现这个行业从业者的现状。通过朋友圈或者实地调研了解他们的日常工作内容、职业感受，可以验证和拓展你对行业的认识，与自己感兴趣的部门或岗位的人深入交流可以有效地了解职业的具体要求。要了解这项内容，比较好的方法是多认识一些业内人士或者加入相关的社交圈，与职场中的“普通人”聊天。

10. 该行业的校园招聘职位及大学生一般能力要求

行业内的公司在校园招聘中所列的岗位就是面向大学生的，总结行业内有代表性的十家公司最近几年的校园招聘岗位，整理相同岗位的任职资格后就可以明确这些岗位的一般入职要求，让自己为进入该行业进行有针对性的准备。

行业探索的方法

行业探索的方法主要有以下三种。

1. 产业链分析法

产业链，是指生产相近产品或者提供相似服务的企业集合，各企业围绕终端产品和服务承担着不同的价值创造功能。从提供原材料、制成中间产品、生产最终产品、通过销售网络把产品和服务送达消费者手中到后续的服务，供应商、制造商、分销商、零售商到服务商构成了一个完整的链条结构。

行业分析的第一步，就是理清行业产业链的各个环节，即回答以下问题：

- 该行业提供哪些产品和服务?
- 谁在使用这些产品和服务?
- 直接生产或提供产品和服务的是谁?
- 为生产和服务的生产者提供原料、设备、零件和设计的上游专业是谁?
- 谁在为产品和服务提供维护或完善等增值服务?
- 产品和服务的销售渠道是什么?
- 在整个产业链中，具有定价权的是谁?

案例

智能手机产业链分析

智能手机行业，生产智能手机以通话为基础，并延伸到即时通信、娱乐和学习等增值服务。

- 使用这些产品和服务的主要是个人消费者。
- 直接提供产品的是手机设计制造商（如苹果、华为等）。
- 为手机制造商提供上游服务的电池、屏幕、芯片和镜头等各种零件主要生产商（如富士康、卡尔蔡司等）。

●提供增值服务的有电信运营商（电信、移动和联通）、APP应用开发者（微信、游戏等开发者）、外设供应商（贴膜商人等）和售后服务商（维修点等）。

●智能手机的销售渠道包括传统零售商（国美、苏宁等）和电子商务平台（京东、淘宝等）。

●在整个产业链中，具有定价权的是手机设计制造商。

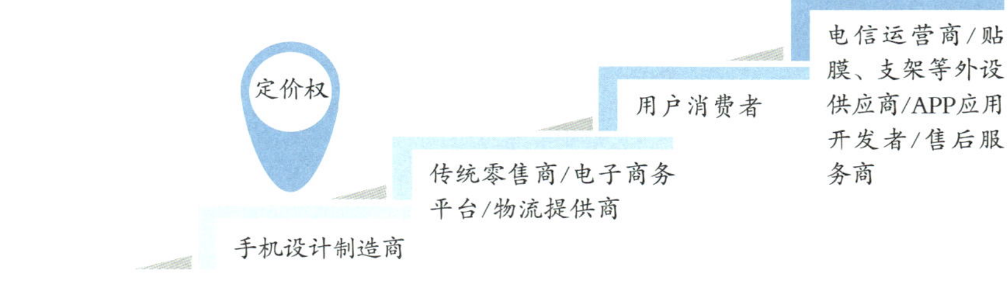

图2.2 智能手机产业链

2. 领导企业分析法

了解一个行业最直观的方法是分析该行业中的领导企业。了解一家企业最直接的方法是研读它的财务报告。财经类专业学生要有鲜明的“上市公司”概念，在上海证券交易所、深圳证券交易所、香港证券交易所或者纽约证券交易所等公开发行股票的“上市公司”是业界优秀公司的代表（多数一流企业都已经在证券交易所公开发行股票）。

关键词

●财务报表分析

通过分析这些行业内最好的公司的财务报告，就能了解到它们的主营业务、主要客户、收入结构、成本结构、利润状况、人才结构、发展轨迹、战略方向以及风险等。把几十家同一行业的上市公司放在一起，基本就能代表整个行业的主流。

● 校园招聘分析

对领导企业进行分析的第二项内容是它们的部门和职位构成以及校园招聘公告。访问公司网站或者搜索招聘网站，找到这些公司多年的招聘启事，可以了解各个部门的职位设置、人才需求和入职要求（学历、专业、能力和证书等），个人可以此为参照制订学习目标、考证计划、能力锻炼计划和实践实习计划等。

3. 专业报告法

了解行业产业链和领导企业后，尝试从“知道分子”晋级为“行业专家”，即如果要写一篇行业发展报告，你会怎么做?

假设你要作为一名专业嘉宾，在校园论坛上做与该行业相关的主题演讲，至少你要清楚地回答以下三个问题：

（1）该行业的痛点（电子商务大佬们使用频率最高的词，指满足顾客需求的难点或关键点）是什么?

（2）现在国内外的企业都是怎么做的?

（3）需要拥有什么专业知识、技能或能力可以更好地解决行业痛点?

这就是专业报告的三大结构。专业报告可以帮助你站在高处看得更远。

关键词

● 专业机构报告

参考金融投资机构、知名咨询公司和权威财经媒体的分析报告，例如《新财富》排名前列的分析师的行业研究报告、《麦肯锡季刊》、《经济学人》、《财经》以及行业权威杂志等。从相关网站上搜索最近五年与你分析的行业相关的文章，集中精力把它们看完，对行业进行更具体的认识。

● 行业权威图书

阅读行业发展史、企业发展史、知名人物传记或者行业内专家的著作，可以了解更多行业和企业发展过程中的细节，把握影响行业周期的关键。有时候行业大佬们讲的“段子”都可能隐含着重要信息。

● 行业圈子

通过以上的间接信息搜集，基本上可以了解行业80%以上的状况，但要更接近行业的真实现状，还需要与行业内的从业者交朋友。也许你会觉得这很难，其实只要你把平时用来刷朋友圈、网购或者看八卦的时间分出一半，专门用来逛与各种行业相关的公众号、聊天群或者专业论坛，以谦逊的后辈姿态向行业内的专业人士请教，很少有人会拒绝你。另外，报名参加各种专业论坛或者展览的志愿者也是很好的方法。

拓展阅读

从财务报表看行业发展差别

用两家上市公司作为例子。A公司，2005年有71名员工，创造了0.57亿元的净利润，2013年有163名员工，创造了2.79亿元的净利润；B公司，2005年有36万名员工，净利润是337亿元，2013年有44万名员工，净利润是2 630亿元。2013年，A公司员工中本科以下学历占24%，本科占49.7%，硕士占24.5%，博士占1.8%；B公司本科以下学历占49.9%，本科占45.8%，硕士占4.2%，博士占0.10%。那么问题来了，如果让你选择职业生涯的起点，哪家公司强？

让我们先简单地分析这两家公司近十年来的发展情况。A公司员工增加了1.3倍，利润增加了3.9倍，B公司员工增加了0.2倍，利润增长了6.8倍。看起来，B公司用更少的员工增长创造了更高的利润增长，所以从行业环境来看，B公司比A公司发展更好。但是有两个关键数字，首先，A公司8年内增加了92名员工，平均每年增加11.5人，B公司8年内增加了8万人，平均每年增加1万人。其次，以2013年为例，A公司人均创造的净利润大约是171万元，B公司人均创造的净利润约为60万元。

通过数据对比我们可以得到以下几个结论：第一，在过去的8年，B公司增长速度比A公司更快；第二，B公司的规模要比A公司大很多，从平均新增员工数量看，B公司有更多的工作机会。

是否可以认为最终答案就是：选择职业生涯的起点，B公司比A公司会更好？这个说法大体上是理性的，但并不完全对。更全面的答案是，如果你是本科毕业生，应聘B公司的确比A公司更“划算”，因为它发展很快，而且每年工作机会很多；如果你是硕士学历，B公司当然也是很好的选择，但是A公司能够帮助你实现更大的“价值”。A公司人均创造的利润大约是B公司的3倍，A公司给员工的薪酬会比B公司高。

A公司所在的是信托行业，B公司是商业银行。这些年经管类专业的毕业生青睐商业银行，从上述的数据分析就能找到原因——发展速度相当快。这两家公司所在的行业一定程度上可以代表近年来我国金融行业发展的特点。各行各业，浮浮沉沉，但似乎金融业是“不倒翁”，过去的十年和未来的十年都会这样高速地发展下去。无论是单位还是个人，与金融的交集必定会越来越多，紧密程度超出你的想象。举个例子，5年前的大学生与金融有关的行为也许只是到银行领取父母寄的生活费和转账交学费，但是现在大部分人都用过余额宝、微信见面付或者支付宝AA付等。后面这些也算金融？是的，有个新词叫互联网金融，所以它们不仅属于，而且还是金融未来很重要的发展方向。

资料来源：潘杰.过去十年，金融行业发生了什么变化，2014

行业前景分析

行业发展的宏观因素

行业是否有发展前景，归根到底取决于行业是否符合社会发展的趋势。宏观经济、科技进步、人口变化、社会文化和政策法规等宏观因素是行业发展的基础，同时它又包括国际、国家和地区三个层次。社会环境是个人生存和发展的土壤，它对职业生涯乃至人生发展都具有深层次的影响。顺应社会发展大趋势，成功地站在行业发展的风口上，取得职业成功的概率要比盲目选择大。

宏观职业环境给人的感觉通常是模糊、抽象和缓慢的，但如果把审视的眼光放长到十年、二十年甚至五十年，这种环境的影响和变迁显而易见。

关键词

● 宏观经济环境

经济增长或衰退对就业和职业的影响显而易见，而工作所在地区或所服务地区的消费者的收入水平、储蓄情况、产业结构、就业程度等因素更直接决定就业需求和职业发展空间。

● 技术环境

技术进步深刻改变着人们的工作方式，它影响行业内部潜移默化的改变和进步。例如，支付技术的进步将彻底改变银行业，智能手机重新定义了手机，高铁大大拓宽了工作和生活的领域，太阳能的应用改变了能源结构等。

● 人口环境

“人口红利”对经济发展具有举足轻重的影响。所谓“人口红利”，是指劳动年龄人口占总人口的比重较大，抚养率比较低，为经济发展提供有利的人口条件，整个国家经济呈现高储蓄、高投资和高增长的局面。例如，日本从1975年开始其劳动适龄人口比例处于下降周期，此后日本经济陷入长达二十年的增长停滞状态。很不幸的消息，我国从2012年第一次出现了劳动年龄人口的绝对下降。“人口红利”消失对农业、工业和房地产来说是坏消息，但对教育、医疗、健康和养老等产业或许会带来新的机会。

● 社会文化环境

社会文化环境包括一个国家或地区的居民教育程度和文化水平、宗教信仰、风俗习惯、审美观点、价值观念等。社会文化和习俗直接关系职业评价、用人理念、管理模式以及职业以外的社会生活等。社会文化环境最重要的考虑因素是时代变化，如我们熟悉的名字“60后”、“70后”、“80后”……2010年以后“移动娱乐”行业（移动阅读、手游、社交应用等）异军突起，缘于“90后”的成长带来的消费习惯改变。

● 政策法规

政策法规一方面反映了政府对行业的引导，另一方面也改变行业的游戏规则，国际和国内的政策法规都会对行业产生巨大影响。例如，2000年，中国加入WTO带来了国际贸易长达十多年的大发展（关税、进出口限制等规则改变）。未来的十多年，影响我国经济发展的政策法规主要有自贸区政策（新型国际经济规则）、证券行业一揽子变革（新三板、注册制、沪/深港通、人民币国际化等）以及各种行业深化改革政策（新能源产业政策、电力行业改革、创业扶持、央企改革、电信行业改革等）。

行业的生命周期

1. 行业周期的分类

在技术进步、政策变化、社会变革和经济环境等影响下，行业有兴衰演变过程，表现为行业周期。任何行业都如有生命一般，要经历一个由成长到衰退的演变过程。行业的生命周期反映了一个行业的活力和发展趋势。

根据行业自身发展与国民经济总体周期变动之间关联的密切程度，行业可被分为周期性行业和防御性行业。根据行业自身兴衰的演变过程，行业的生命周期可被分为孕育期、成长期、成熟期和衰退期。

关键词

● 周期性行业

周期性行业是指和国内外经济波动相关性较强的行业，典型的包括大宗原材料（如钢铁、煤炭），工业制造（如工程机械、船舶）等。周期性行业的特征就是产品价格呈周期性波动。在市场经济情况下，产品价格形成的基础是供求关系。一方面，经济发展形势决定周期性行业的产品需求，例如经济发展快，对钢铁、石油等原料的需求就会增加，反之亦然；另一方面，市场经济的特征就是行业投资利润的平均化，如果某一行业利润率高了，投资就会增加，投资的人多了，利润率就会下降，如此周而复始。

● 防御性行业

另一些行业的产品需求相对稳定，并不受经济周期增长或者衰退阶段的影响，称为防御性行业，例如食品饮料、交通运输、医药、商业等。这些行业在经济衰退时甚至会发展得更好。

● 孕育期

产品能否被市场接受和行业的经营策略均不明朗，这一时期行业的风险大，失败的可能性也大，这个阶段的行业也叫曙光行业。

● 成长期

产品被市场迅速接受，销售收入和利润快速增长，这个阶段的行业也叫朝阳行业。

● 成熟期

产品已被大多数潜在购买者接受，行业的增长趋于平缓，这个阶段的行业也叫成熟行业。

● 衰退期

市场及技术的变化使行业的产品逐渐被替代，市场对产品的需求逐渐减少，这个阶段的行业也叫夕阳行业。夕阳行业是一个相对的概念，“没有夕阳行业，只有夕阳思维”。只要在危机中顶住压力，坚持创新升级，提高自身竞争力，夕阳产业也能够焕发出生机。所有行业都试图与朝阳行业相连，从而找到发展机会。例如，传统旅游业属于成熟行业，与其正处朝阳行业的户外运动相结合，就诞生了目前很受年轻人欢迎的穷游。例如，处于夕阳行业的电视广播，与处于朝阳行业的真人秀相结合，就诞生了《爸爸去哪儿》等非常受欢迎的电视真人秀节目。

表2.1 行业生命周期特征

类别	孕育期	成长期	成熟期	衰退期
消费者数量	少	增加	非常多	减少
市场增长率	较高	很高	稳定	降低甚至为负
企业利润	较低甚至为负	增加	较高	降低
竞争	数量少 不激烈	对手数量增加 开始激烈	对手增加 竞争激烈	对手数量减少 竞争程度降低
企业规模	较小	扩大	最大	缩减
产品品种数量	单一	增加	很多	减少

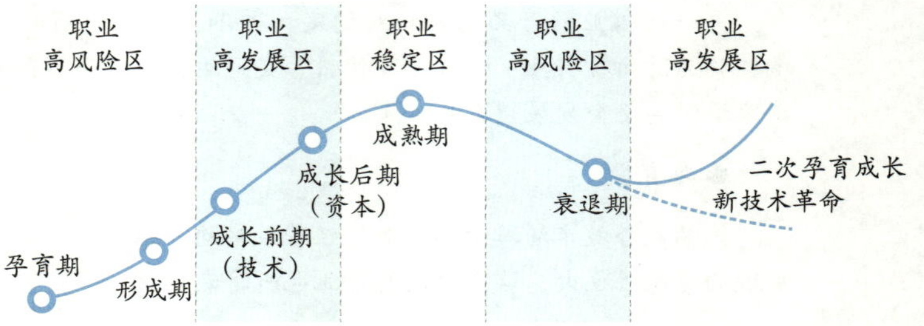

职业高风险区
职业高发展区
职业稳定区
职业高风险区
职业高发展区
孕育期
形成期
成长前期（技术）
成长后期（资本）
成熟期
衰退期
二次孕育成长
新技术革命

图2.3 行业生命周期与职业选择

2. 行业对经济周期的反映

经济的增长不是直线式，而是循序渐进的。经济周期一般经历繁荣或持续增长时期，然后进入衰退时期，在这一时期，经济增长放缓或停止增长。接着进入恢复时期，它是下一个经济繁荣期的前奏。不同的行业对经营周期的反应不同，在经济周期的每个阶段，都会有一些行业经营效益好于另一些行业。根据行业对经济周期的不同反映，可将其划分为增长型、被动型和循环型三个类型。

增长型的行业一般能独立于经济周期性的变化，并且以高出经济增长较大幅度的比率增长。甚至在经济的衰退时期，行业的销售收入和盈利能力仍能保持较大幅度的增长。例如，计算机软件、生物制药等高新技术产业就属于这一类型。

在经济周期的变化过程中，被动型行业的经营都处于稳定的发展状态：经济增长时期，行业经营业绩增长；经济衰退时期，行业也可以保持一定的利润。被动型行业通常是按生命周期分类中的成熟型行业。例如，公共事业的电和煤气行业，无论经济处于什么样的状态，人们日常的用电和用气不会发生变化；食品行业，因为市场对食品的需求属于刚性需求。

循环型行业收益的变化趋势遵循经济周期的变化方向。这一行业因经济的增长而获得丰厚的利润，因经济的衰退而蒙受损失。这类行业获利的运行轨迹与经济周期的轨迹以更夸张的形态相吻合。

通过这三个角度，都可以判断行业的变化和发展趋势，进而判断行业内企业现在和未来的收益。

数据

表2.2 2013年城镇单位就业人员平均工资（按登记注册类型和行业分）

单位: 元

项　目	合　计	国有企业	城镇集体单位	其他单位
全国总计	51 483	52 657	38 905	51 453
农、林、牧、渔业	25 820	25 444	26 754	34 310
采矿业	60 138	56 317	39 007	61 475
制造业	46 431	54 094	34 689	46 297

续·表2.2 2013年城镇单位就业人员平均工资（按登记注册类型和行业分）

单位: 元

项　目	合　计	国有企业	城镇集体单位	其他单位
电力、热力、燃气及水生产和供应业	67 085	68 146	45 082	66 489
建筑业	42 072	43 849	33 893	42 476
批发和零售业	50 308	55 980	26 200	50 700
交通运输、仓储和邮政业	57 993	59 516	31 772	57 720
住宿和餐饮业	34 044	36 298	39 491	33 400
信息传输、软件和信息技术服务业	90 915	60 182	40 268	96 618
金融业	99 653	87 732	70 249	109161
房地产业	51 048	45 435	37 155	52 052
租赁和商务服务业	62 538	46 542	33 296	74 632
科学研究和技术服务业	76 602	69 501	52 204	87 590
水利、环境和公共设施管理业	36 123	35 155	27 855	43 213
居民服务、修理和其他服务业	38 429	41 416	31 005	37 738
教育	51 950	52 283	47 610	47 194
卫生和社会工作	57 979	59 200	48 990	50 173
文化、体育和娱乐业	59 336	59 437	37 715	60 288
公共管理、社会保障和社会组织	49 259	49 371	45 859	34 486

资料来源：2014年《中国统计年鉴》

拓展阅读

产业发展新常态：从失衡走向优化（节选）

1. 传统行业：优化结构出清过剩

供给绝对过剩的传统行业加大淘汰力度。国务院出台《化解过剩产能矛盾的指导意见》，重点治理钢铁、水泥、玻璃、电解铝等传统行业。面对环保压力和企业效益长期亏损，对过剩产能淘汰力度必须加大。

2. 新兴产业：七大方向四大支柱

四大支柱产业是我国经济转型的主动力。我国确定七大战略性新兴产业分别为“节能环保、新一代信息技术、生物、新能源、新能源汽车、高端装备制造业和新材料”，并指出了23个重点方向。到2020年，节能环保、新一代信息技术、生物、高端装备制造产业将成为国民经济的四个支柱产业，新能源、新材料、新能源汽车为先导产业，增加值占国内生产总值的比重达到15%。我们按照2020年GDP翻倍估算，四大支柱产业占GDP的比重或将超过30%，是我国产业结构转型和升级的重要力量。

3. 服务业：生产服务和生活服务

目前，我国商业服务、计算机与软件、仓储与运输等服务业收入占总体的比重高，金融服务与文化娱乐等收入占比相对较低。从政策方向来看，通过研发创新、技术创新、金融创新等提高服务业的现代化水平、提高服务业的附加值。伴随着人口老龄化趋势以及人们对健康的日益重视，未来生活服务业从基本的吃、穿、住、用、行，上升到饮食调理、身体保健、器械检测、医疗医药、护理服务、娱乐健身、养老社区、健康保险等现代化服务。

4. 制造业：装备制造自主创新

发达国家相继出台政策重振制造业，凸显制造业对于当前各国经济的重要性。我国当前虽然没有明确提出制造业发展政策，但要向自主高端制造业发展的方向已经显现。

资料来源：《中国科技财富》，2014年第8期

练一练

建立一个自己关注的行业的信息资源库，包括行业网站、从业者博客/微博/微信、招聘网站、参考图书和知名公司网站等。

行业分析与职业生涯规划

行业与职业规划

行业探索与规划的基本理念

1. 行业选择的职业规划逻辑

规划未来职业时，思考的第一站是行业还是职业，当中的规划逻辑有区别。选择财务、人力资源或者行政等通用型职位作为目标的，行业选择只是附属的参考，并非职业决策时的主要考虑因素（这种条件下，有时候单位的因素影响更大）。如果你思考的第一步是行业，则需要深入分析该行业中核心职位是哪些，把目标进一步明确到行业中的核心职位。因为核心职位的发展机会远远多于非核心职位的发展机会。

2. 个人特质与行业核心职位相结合

能力天赋和职位的能力素质要求综合考虑，如果你刚进入大学，虽然专业技能尚未成型，但能力天赋的偏向是明显的。例如，同样是大金融行业，数学学习能力强的人，适合选择与“分析能力”相关的职位，那么证券投资行业可能是好的选择；如果你的人际沟通能力很强，商业银行或者保险行业也许更有前途。

3. 有兴趣就要有行动

当对某些行业产生“好奇心”之后，就要按照本章中介绍的方法马上行动进行探索；当对某些行业产生强烈的兴趣之后，就要进一步分析行业中核心职位的能力素质和入职要求，制定明确的能力培养和教育规划；如果连对行业的好奇心都没有，请到图书馆广泛浏览各种行业杂志，诱发自己的好奇心。

行业选择的误区

1. 一选定终身

如前所述，行业也是有生命和周期的，永远不要企图能够找到一个始终“朝阳”的行业，因此行业探索和行业选择的能力和习惯比“选择”本身重要，要发展贯穿职业生涯终身的规划能力。

2. 只有热门行业才有前途

俗话说“三百六十行，行行出状元”，并非只有当下媒体经常提及的热门行业才是好选择。只要是符合社会发展趋势的行业都会有“黄金期”，如果只把目光放在当前的热门行业会限制自己的选择。此外，当前的热门行业往往是已经进入行业生命周期中的成长后期和成熟期的，并不一定是最合适的进入时机。

3. 行业选择只看表面

一方面，大多数人都会首先考虑自己熟悉的行业或者理所当然的行业，而缺乏理性的调研和分析，例如，法律专业的同学首先会想到律师事务所，新闻专业的同学首先会想到报社或者电视台等。另一方面，当你对某个行业产生兴趣时，通常想到的都是它“好”的一面。这些都是行业选择需要避免的非理性行为。列出更多可能的行业，以及在想到这个“好”的同时写下它“不好”的一面，这样才能让我们的规划和选择更加科学。

行业与大学生涯规划

规划学业与未来方向的关系

1. 职业是理想的载体

每个人都有或大或小的理想，有的想成为某某家，有的想照顾好自己的家庭，无论什么理想，都需要通过职业来实现。也许有的理想看起来很难实现，但并非高不可攀，因为无论是科学巨匠、世界首富还是影视明星，都不是天生的，都可以看到他们一步步成长的职业轨迹。把宏大的职业理想转化为一个个可实现的目标，职业理想会慢慢接近。

2. 学业与未来方向的关系

我们总是会想自己学的专业将来能做什么。诚然，选择与专业相关的职业会对职业发展起推动作用，但我们所学的专业未必是按照自己的兴趣、能力、特点等来确定的，所以将来就业的方向未必最适合自己，因此我们需要依照以下的流程思考学业与未来方向的关系。

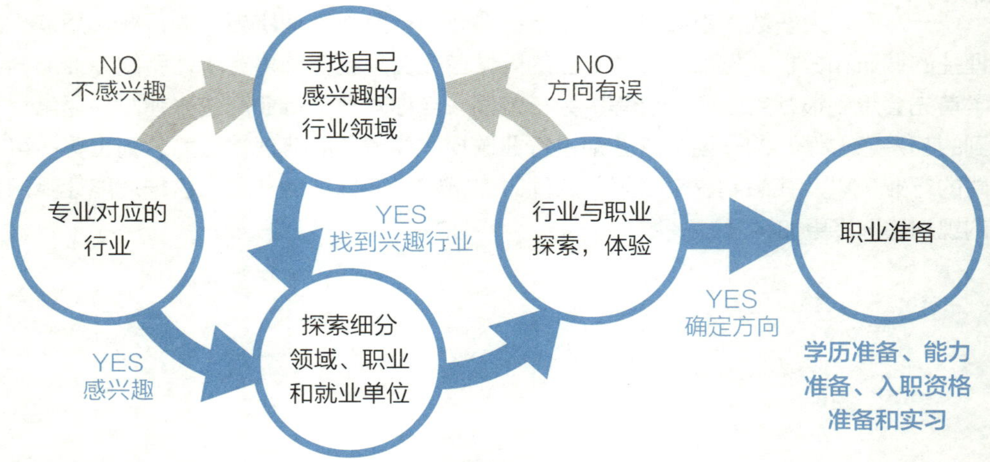

图2.4 学业与职业方向的关系

第一步，通过学校的就业数据了解自己专业对应的行业领域。

第二步，如果专业对应的行业自己感兴趣，则进一步探索细分领域、行业和就业单位；如果专业对应的行业自己不感兴趣，则根据职业规划的方法寻找自己感兴趣的行业，然后再去探索细分领域、职位和就业单位。

第三步，通过第二步的努力有了初步的方向后，进行更加深入的行业与职业探索，尤其是要通过实践来体验。

第四步，经过探索和体验后，如果明确此前选择的方向符合自己的兴趣，则要进一步为将来就业进行学历、能力、入职资格和经验的准备；如果发现此前的选择有误，则需要重新进行第二步的工作，即寻找自己感兴趣的行业领域。

为职业发展未雨绸缪

1. 锻炼专业思维

大学的专业教育带给同学们最重要的是专业思维，专业知识会过时，专业思维却像个人大脑的操作系统，只能不断升级，但难以“格式化”，因此不管你喜不喜欢这个专业，都将影响你的一生。所谓“专业思维”，一方面是以你所学的专业为基础逐渐积累的成本概念、法治概念、风险概念、收益概念、管理概念，另一方面是整个财经和政法校园氛围造就的逻辑和理性。无论将来从事什么职业，这些都是立足职场的基础。

2. 掌握工作工具

任何一个岗位，除了相应的理论知识外，还必须掌握相应的操作工具。把知识转化为技能，让我们在职场上站得更稳。财会工作对应的工具是EXCEL和财务管理系统，管理对应的工具是各种分析模型，投资分析对应的工具是专业统计软件……当然还有最基础的外语和计算机办公，掌握这些专业工具并不难，只是大多数同学都缺乏这个意识，大学期间练习用这些工具做案例分析，你会比别人收获更多。

3. 经历练就能力

有人说经历不等于能力，但没有经历就没有能力。家教、促销员、服务员、社会调查、志愿者、旅游、游学、学生干部、创业、竞赛……这些实践经历给个人提供更多的接触社会、了解社会的机会。未来职场需要的并不是只有专业能力的机器人，而是有思想，独立、敢作敢为、成熟和有活力的创造者。

拓展阅读

体制内和体制外

1. 年轻人到体制内去？

说起公务员这个特殊群体，由于近年来大受追捧的国考而常常成为媒体的头条。2014年的公务员养老体制改革、薪酬改革和晋升改革等再次成为国民热议的话题。数据显示，在最近的八年里，全国公务员辞职率不到1%，是中国“最稳定的职业群体”。

到底是什么吸引着一代人向“公务员”这个堡垒发起猛烈的冲击？它到底有怎样的魔力让改革开放30年后的中国年轻人再次回到当初很多人不屑的选择？

首先是这个行业稳定，就是俗称的“铁饭碗”。我们无法忘记2008年的金融风暴，一夜之间雷曼破产和美林被并购，曾经一百多年屹立不倒的华尔街在金融风暴面前竟如此不堪一击，这场风暴继而席卷全球，大洋彼岸的中国企业也风雨飘摇。人们似乎领悟到了公务员背后的魅力。

再者是收入和隐藏的福利成为吸引大批年轻人离开校园后直奔体制内的主要原因。例如，在户籍制度高强壁垒的北京和上海，公务员的优势无疑是一项丰厚的大礼；某公务员单位食堂仅收一元的自助午餐，某种程度上让这个群体免疫通货膨胀；达到一定条件后低于市场价50%的福利房等非货币福利更让很多拿着高薪却追不上房价步伐的“金领”艳羡不已……

最后是工作压力。经历过70年代改革、80年代下海、90年代外企热后，老一辈开始指示自己的后辈把目光投向更轻松稳定的生活方式，没有太大工作压力也是很多人选择公务员的重要原因。《2010年中国城市居民幸福感调查》显示，国家机关党群组织选择“非常幸福”在被调查的行业和职业中比例最高，这一例子是很多人投身公务员队伍原因的有效佐证。

2. 财大人为什么不考公务员？

如果作一个财大人就业意向排名，公务员肯定排不上前五（法律等方向性明显的专业除外）。尽管它具备稳定、待遇好、有保障等好职业标准，尽管外面千千万万人挤破了头也想进入体制内，但对财大人来说，吸引力似乎没有那么大。究其原因，也许有以下几点：

很多人选择财经专业的一个原因，就是好就业。相比其他学校和专业，财经类的就业机会多，尤其是我国经济三十年来保持强劲的增长势头，银行、证券、专业服务和制造业等源源不断地创造大量高质量的就业岗位。虽然整个社会的大学生就业形势严峻，但财经专业的毕业生要拿到一张商业银行或者会计师事务所的上岗通行证也并非难事。虽然企业的工作压力比较大，但发展速度也快，适应了以后也具备公务员无法比拟的优势。

其次，公务员考试是一道必过的坎。财经类毕业生在很多方面的能力都具备优势，但对部分一进校就准备考公务员的院校和专业而言，财大人在国考方面的竞争力欠缺。财经类专业的同学更热衷于学外语、考注册会计师、考CFA或者到企业实习，等到想考公务员时，已经有点来不及了。

财经类专业同学的关注点在经济和金融，阅读《财经》或者《21世纪经济报道》的人数肯定远远多于看《新闻联播》或者《人民日报》。久而久之，对复杂的政治体制、微妙的人际关系和朦胧的党政机关运行机制越来越陌生，自然而然在选择时更倾向自己熟悉的企业。

最后，学长和前辈们的示范作用。每年在校园里有大量的机会听取学长学姐在外企、会计师事务所或者金融行业从应聘到职业发展的成功经验分享，却很少能获得公务员的信息。长期积累，进入公务员队伍的人就少。一方面是榜样的力量，另一方面校友资源也成为很多毕业生择业时的考虑。

网络互动

天涯社区帖子：论体制内和体制外的优劣。

http://bbs.tianya.cn/post-no20-395163-1.shtml

过来人

属于自己的精彩（上海财经大学，谢学姐）

求职是一个战场，可是胜者却是无数，工作没有好坏，有的只是距离理想的远近。当你觉得你赢了，你，就是最大的赢家。

2009年12月，漂洋过海的IBM strategy consulting offer终于如期而至，我的求职生涯画上了圆满的句号。梦想成真这四个字在此刻唤起的不只是喜悦，更是对往昔的追忆和思考。在我眼里，梦想成真意味着清晰的目标、持之以恒的努力和众人无私的帮助。

“You are the average of the five people that you spend most of your time with.”

从朋友的BLOG里看到标题的这句话时，我的脑海里浮现许许多多的面孔。这些年，要感谢的人太多太多，正是良师益友们无私的帮助，才使得我有机会一步步地接近梦想。大学提供了一个绝佳的平台去结识优秀人物，去取经，去学习。无论是讲座上带着光环的嘉宾学者、讲台上循循善诱的教师、交流活动相识的朋友，还是身边为梦想不懈努力的同学，每个人都属于你的财富。拿自身来说，刚进校园时，我甚至不了解咨询为何物，在一次活动中偶然结识了在麦肯锡咨询工作的S，我才第一次知道原来世上有这样一群优秀的人把这样的工作当成自己毕生的事业。在S的指导下，我开始朝着成为一名咨询师的方向努力。学习上保持成绩，加入学生组织，参加实习和国际化的交流活动，结识更多更优秀的人，我的脑海里真的开始有了清晰的职业规划。而像S这样的人，在我的生命中还有很多很多，除了感激，我更深刻地体会了人的影响力的真正含义。

"Keep your eyes on the stars and your feet on the ground."

在实际的生活中，梦想的实现不仅来自清晰的规划，更加来自脚踏实地的努力和一流的执行力。成功是由点滴的积累铸就的，小到各类考试，大到实习工作，每一个小目标准确的实现，才能累积成最初的梦想。每个目标都有不同的实现路径，用最快的时间确定目标、弄清路径，然后持之以恒地努力，把每次机会当成唯一机会，把握住并且利用好，机会永远属于有准备的人。记得找寻第一份咨询的实习工作焦头烂额、到处碰壁时，我没有泄气。一方面努力弥补自身的不足，另一方面不停地与在咨询工作的朋友、学长学姐们沟通，表达自身强烈的意愿。功夫不负有心人。很快，一家顶级咨询公司给了我第一份咨询实习的机会。

罗斯福说，Keep your eyes on the stars and your feet on the ground，我说就是这样。

"The end is the beginning is the end."

记得学各类计算机语言时，我最感兴趣的便是循环语句，因为可以用最简洁的语言完成最复杂的工作。而生活其实便是个大循环，不一定在原地循环，只是每个任务结束时却始终会带来另一个任务的开始，如求职的结束便意味着工作生涯的开端。而大学里更是充斥着无数这样的循环。无论你在一项任务中以怎样的姿态完成，下一项任务始终会开始。泰戈尔说，当你在为错过月亮流泪时，你也会错过群星了。因此，在很多时候，当你全力奔跑却跌倒时，不用害怕，不用气馁，因为下一次机会已经在等待你。大学这些年，学习上遇过挫折，工作上碰过打击，求职更是遭遇许多坎坷和困难，可我从未害怕，也从未退缩，及时调整并开始走下一段路，我深信好心态才能有好状态。到达终点的路途，每个人都不同，可是每个人都能拥有属于自己的精彩。永远向前，路，一直都在。

凡事不一定

两个同学一组，分别写下自己感兴趣的行业，并且写下这个行业的优势和劣势（各五条）。然后读给对方听，另一人要对每一条进行反驳，反驳成功得一分，反驳不成功或者不反驳没有分，然后交换。

表2.3 经济管理相关行业

金融	中央银行	指代表政府管理金融活动，并制定和执行货币政策，维护金融稳定，管理金融市场的特殊金融机构的活动。
	货币银行	指除中央银行以外的各类银行所从事存款、贷款和信用卡等货币媒介活动，还包括在中国开展货币业务的外资银行及分支机构的活动。
	非货币银行	指主要与非货币媒介机构以各种方式发放贷款有关的金融服务，从事融资、抵押等非货币银行的服务，包括小额贷款公司、农村合作基金会等融资活动，以及各种消费信贷、国际贸易融资、公积金房屋信贷、抵押顾问和经纪人的活动。
	金融租赁	指经中国人民银行批准以经营融资租赁业务为主的非银行金融机构的活动。
	财务公司	指经中国人民银行批准，为企业融资提供的金融活动。
	典当	指以实物、财产权利质押或抵押的放款活动。
	证券市场管理	指非政府机关进行的证券市场经营和监管，包括证券交易所、登记结算机构的活动。
	证券经纪与交易	指在金融市场上代他人进行交易、代理发行证券和其他有关活动，包括证券经纪、证券承销与保荐、融资融券业务、客户资产管理业务等活动。
	基金管理	指在收费或合同基础上为个人、企业及其他客户进行的资产组合和基金管理活动，包括证券投资基金、企业年金、社保基金、专户理财、国内资本境外投资管理（QDII）等活动。

续1·表2.3 经济管理相关行业

金融	期货经纪与交易	指非政府机关进行的期货市场经营和监管，包括商品期货交易所、金融期货交易所、期货保证金监控中心的活动。
	资本投资	指经批准的证券投资机构的自营投资、直接投资活动，以及风险投资和其他投资活动。
	其他资本市场服务机构	指投资咨询服务、财务咨询服务、资信评级服务，以及其他未列明的资本市场的服务。
	保险经纪商	保险和再保险经纪商。
	人寿与健康保险	主要提供人寿、残疾、损失补偿或者补充健康保险的公司，不包括那些归类于“管理型保健护理”子行业中的管理型保健护理公司。
	多元化保险	有人寿、健康、财产及意外伤害保险业务的保险公司。
	财产与意外伤害保险	主要提供财产和意外伤害保险业务的公司。
	再保险	主要提供再保险业务的公司。
	金融信托与管理服务	指根据委托书、遗嘱或代理协议代表受益人管理的信托基金、房地产账户或代理账户等活动，还包括单位投资信托管理。
	控股公司服务	指通过一定比例股份，控制某个公司或多个公司的集团，控股公司仅控制股权，不直接参与经营管理，以及其他类似的活动。
	非金融机构支付服务	指非金融机构在收付款人之间作为中介机构提供下列部分或全部货币资金转移服务，包括网络支付、预付卡的发行与受理、银行卡收单及中国人民银行确定的其他支付等服务。
	金融信息服务	指向从事金融分析、金融交易、金融决策或者其他金融活动的用户提供可能影响金融市场的信息（或者金融数据）的服务。
	其他未列明金融业	指主要与除提供贷款以外的资金分配有关的其他金融媒介活动，包括保理活动、掉期、期权和其他套期保值安排、保单贴现公司的活动、金融资产的管理、金融交易处理与

续2・表2.3 经济管理相关行业

金融		结算等活动，还包括信用卡交易的处理与结算、外币兑换等活动。
	投资银行业与经纪业	主要从事投资银行与经纪业务的金融机构，包括股票和债务承销、合并、收购、证券租借和咨询业务，不包括那些主要从事商业贷款、资产管理以及特殊金融业务的银行和金融机构。
	金融市场监督管理机构	主要指证监会、银监会、保监会、交易所等根据国务院授权及相关法律、法规所赋予的具有监督、管理职能的国家机关、行业自律组织及其派出机构。
	信用与风险管理	指专门从事信用信息采集、整理和加工，并提供相关信用产品和信用服务的活动，包括信用评级、商账管理等活动。
	担保与信托服务	指保证人和债权人约定，当债务人不履行债务时，保证人按照约定履行债务或者承担责任的行为活动。本类别特指专业担保机构的活动。
商业	经销与批发业	指向其他批发或零售单位（含个体经营者）及其他企事业单位、机关团体等批量销售生活用品、生产资料的活动，以及从事进出口贸易和贸易经纪与代理的活动，包括拥有货物所有权，并以本单位(公司)的名义进行交易活动,也包括不拥有货物的所有权，收取佣金的商品代理、商品代售活动；本类还包括各类商品批发市场中固定摊位的批发活动，以及以销售为目的的收购活动。
	零售	指百货商店、超级市场、专门零售商店、品牌专卖店、售货摊等主要面向最终消费者（如居民等）的销售活动，以互联网、邮政、电话、售货机等方式的销售活动，还包括在同一地点，后面加工生产，前面销售的店铺（如面包房）；谷物、种子、饲料、牲畜、矿产品、生产用原料、化工原料、农用化工产品、机械设备（乘用车、计算机及通信设备除外）等生产资料的销售不作为零售活动；多数零售商对其销售的货物拥有所有权，但有些则是充当委托人的代理人，进行委托销售或以收取佣金的方式进行销售。

续3·表2.3 经济管理相关行业

商业	综合零售	出售各种日用商品的综合货品商店的业主和运营商，不包括归类于“大卖场与大型超市”子行业中的超级市场和特大购物中心。
	百货零售	指经营的商品品种较齐全，经营规模较大的综合零售活动。
	超级市场零售	指经营食品、日用品等的超级市场的综合零售活动。
IT	电子商务	主要通过互联网提供零售服务的公司。
	软件开发	指为用户提供计算机软件、信息系统或者设备中嵌入的软件，或者在系统集成、应用服务等技术服务时提供软件的开发和经营活动，包括基础软件、支撑软件、应用软件、嵌入式软件、信息安全软件、计算机（应用）系统、工业软件以及其他软件的开发和经营活动。
	信息系统集成服务	指基于需方业务需求进行的信息系统需求分析和系统设计，并通过结构化的综合布线系统、计算机网络技术和软件技术，将各个分离的设备、功能和信息等集成到相互关联的、统一和协调的系统之中，以及为信息系统的正常运行提供支持的服务，包括信息系统设计、集成实施、运行维护等服务。
	信息技术咨询服务	指在信息资源开发利用、工程建设、人员培训、管理体系建设、技术支撑等方面向需方提供的管理或技术咨询评估服务，包括信息化规划、信息技术管理咨询、信息系统工程监理、测试评估、信息技术培训等。
房地产	房地产开发经营	指房地产开发企业进行的房屋、基础设施建设等开发，以及转让房地产开发项目或者销售、出租房屋等活动。
	物业管理	指物业服务企业按照合同约定，对房屋及配套的设施设备和相关场地进行维修、养护、管理，维护环境卫生和相关秩序的活动。
	房地产中介服务	指房地产咨询、房地产价格评估、房地产经纪等活动。
专业服务	律师及相关法律服务	指在民事案件、刑事案件和其他案件中，为原、被告双方提供法律代理服务，以及为一般民事行为提供的法律咨询

续4·表2.3 经济管理相关行业

专业服务		服务。
	会计、审计及税务服务	指在经济活动中为企业、个人和其他机构组织提供财务做账、独立或内部审计、税务规划等服务。
	调查和咨询服务	主要为企业和政府提供调查和咨询服务（未归类于别处）的公司，包括提供管理咨询服务、建筑设计、商业信息和科学研究、市场、测试和认证服务的公司，不包括提供信息技术咨询的公司（归类于IT咨询及其他子行业）。
	知识产权服务	指对专利、商标、版权、著作权、软件、集成电路布图设计等的代理、转让、登记、鉴定、评估、认证、咨询、检索等活动。
	旅行社及相关服务机构	酒店、度假村及豪华游轮的业主和运营商，包括旅行社、旅行团运营商以及相关的服务。
	人力资源与就业服务	提供与人力资本管理相关的业务支持服务的公司，包括职业介绍所、员工培训、人力资源外包、劳务派遣、猎头等。
	出版	报纸、杂志和书籍出版商，以印刷或电子格式提供信息的提供商。
	广告	提供广告、营销或者公共关系服务的公司。
	会议及展览服务	指为商品流通、促销、展示、经贸洽谈、民间交流、企业沟通、国际往来而举办的展览和会议等活动。
教育	社会人文科学研究	指经有关部门批准，开展教育、心理、哲学、历史、文学等非自然科学研究活动。
	普通高等教育	指经教育行政部门批准，由国家、地方、社会办的在完成高级中等教育基础上实施的获取学历的高等教育活动。
	成人高等教育	指经教育主管部门批准办的成人高等教育活动。
	技能培训、教育辅助及其他教育	指我国学校教育制度以外，经教育主管部门、劳动部门或有关主管部门批准，由政府部门、企业、社会办的职业培训、就业培训和各种知识、技能的培训活动，以及教育辅助和其他教育活动。

续5·表2.3 经济管理相关行业

国家管理及公共服务	国家行政机构	指国务院及所属行政主管部门的活动；县以上地方各级人民政府及所属各工作部门的活动；乡（镇）级地方人民政府的活动；行政管理部门下属的监督、检查机构的活动。
	人民法院和人民检察院	指宪法规定的人民法院和人民检察院的活动。
	群众团体、社会团体和其他成员组织	指依法登记的工会、妇联、共青团、行业协会、社会团体等。

资料来源：根据GICS与《国民经济行业分类》整理

03

职业探索

行业与职业是职业定位的两大坐标，行业是大领域，职业则是具体的目标。总体而言，职业的种类比行业少，很多职业在不同的行业里都存在。很多人在职业生涯发展中会经历很多个行业，但是职业类型基本不变，从这个意义上讲，职业选择对生涯发展的影响更大。

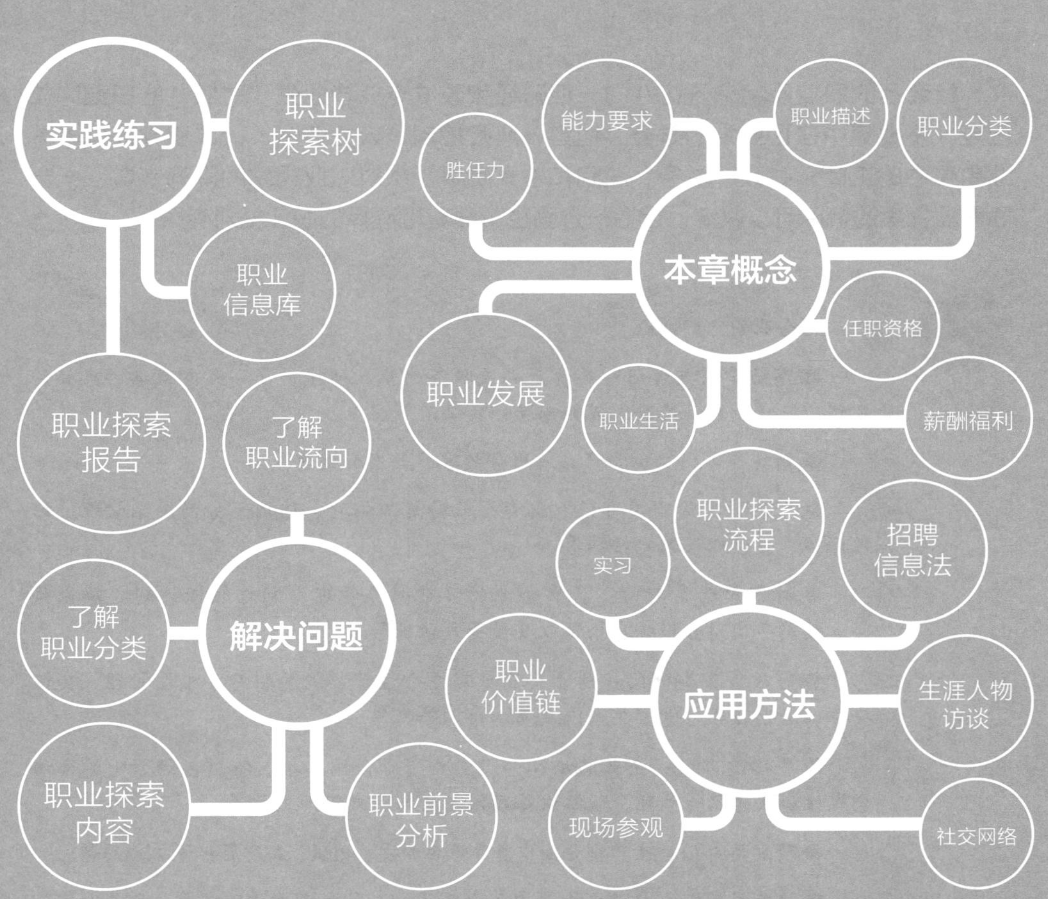
实践练习
职业探索树
职业信息库
职业探索报告
本章概念
胜任力
能力要求
职业描述
职业分类
任职资格
职业发展
职业生活
薪酬福利
解决问题
了解职业流向
了解职业分类
职业探索内容
职业前景分析
应用方法
职业探索流程
实习
招聘信息法
职业价值链
生涯人物访谈
现场参观
社交网络

哪些职业适合你

财经与政法类毕业生就业主流职业

社会上的职业看起来五花八门，但财经和政法专业毕业生“对口”的职业比较固定，主要集中在企业中的财务、销售、风险控制、人力资源、行政和党政机关事业单位中的工商、财政、税务、法院和检察院等。从对职业规划的影响来看，一方面职业探索的范围可以收窄，但另一方面也意味着可选择的职业相对有限。

关键词

1. 企业的部门划分

● 市场营销类部门：负责产品或服务的市场研究、产品开发战略、产品的定位、市场推广、广告、促销以及销售渠道管理等。

● 销售类部门：负责产品或服务的客户开发和销售等。

● 人力资源管理类部门：负责企业的员工招聘、培训、劳动关系管理、绩效评估、晋升以及薪酬福利等。

● 财务管理类部门：负责企业的日常财务管理、制订经营计划、编制预算、编制年度财务报告、报税以及投资或融资等。

● 行政管理类部门：负责企业日常办公运营、制度制定、文件管理、会议安排、后勤服务、党群关系以及沟通协调等工作。

● 法律类部门：企业的法律部门主要负责合同起草、签订、经营中的合法合规性和法律风险管理、联络法律顾问以及与外部律师合作等。

● 研发类部门：生产型企业中负责产品开发、测试、品质监控等工作的部门。

● 生产类部门：生产型企业中负责产品加工和生产的计划安排、质量管理、安全生产以及机器设备维护等的部门。

● 供应链管理类部门：生产型企业中负责企业生产资料或者产品的采购、运输、仓储等的部门。

● 投资研究类部门：金融类企业中负责宏观经济、微观经济、行业、商品和投资策略等方面的研究和分析的部门。

● 风险管理类部门：金融类企业中负责经营活动的合法性、贷款或其他金融资产的安全性、客户的征信调查和财务分析等工作的部门。

2. 企业的职业划分

● 销售类职位：主要工作是开拓客户，维持客户关系，把商品和服务成功销售出去。招聘中的常见职位名称为客户经理、销售代表、销售助理等。

● 营销类职位：主要工作是进行市场分析和市场推广，通过广告、促销等方式提升企业、商品和服务的品牌知名度及形象。招聘中的常见职位名称为公关助理、品牌助理、媒体专员、市场专员等。

● 财务类职位：主要工作是进行基础财务/会计管理、经营状况分析、财务分析、财务风险管理、审计、投资分析和融资安排等。招聘中常见的职位名称为财务、会计、出纳、审计、成本管理员、管理会计专员等。会计师事务所中的“审计”也属于这一类型。

● 人力资源管理类职位：主要工作是进行人员招聘、培训、薪酬管理、绩效评估、人事关系处理等。招聘中的常见职位名称为人事助理、招聘/培训/绩效专员、人力资源管理员等。

● 研究类职位：主要工作是进行经济形势、行业发展、商品需求等方面的数据收集和分析，通常在金融类行业中有比较大的需求。招聘中的常见职位名称为各类研究员和分析师等。

● 风控类职位：主要工作是进行经营活动的合规合法性管理、投资融资的尽职调查、交易数据监控和分析、信贷审核等。招聘中的常见职位名称为风险管理员、合规专员、风控专员、授信专员等。

● 投资类职位：主要工作是进行投资项目的分析、投后管理以及接受客户的投资咨询。招聘中的职位名称通常为投资项目助理、投资顾问等。

拓展阅读

管理培训生的那些事

若论时下的时髦岗位，“管理培训生（管培生）”必定是其中之一。现在就让我们来对管培生做一个全面的了解吧。

1. 管培生的定义

管理培训生，英文全称为“management trainee”。作为一个来自国外的应届生招聘概念，公司对管培生的培养方式体现了开放性的理念。管培生，顾名思义就是“以培养公司未来领导者”为目标的特殊项目，是企业管理者的人才储备计划。管培生进入公司后，通过在不同部门的轮岗了解公司运作流程，再根据个人专长进行安排，快速成为部门甚至分公司的负责人。

2. 管培生的魅力

轮岗制度——在相对较短的时间内，管培生会被安排到不同岗位进行短期培训和工作，对于不太了解企业运作的应届毕业生无疑是非常大的帮助。管培生能够全面地了解公司，同时更能找到适合自己的岗位和发展方向。

晋升通道——从普通员工到部门主管，可能需要5年时间，在大企业里需要的时间则更长。而管培生项目为优秀毕业生提供了一条晋升的快车道。管培生的项目周期通常为2~3年，只要通过考核，就会直接安排到主管级别的岗位。当然，没有通过培训期的考核，也会有被淘汰的可能。

培训力度——相对于普通新员工，管培生有专门的培训设计，更专业、更完整也更严格。此外，很多跨国企业还会把管培生送到国外进行短期的培训和工作，以开阔他们的全球化视野。

更高薪水——管培生作为企业非常重视的未来管理者，自然会得到比普通新员工更高的薪水和福利政策。

由此可见，管培生的热门并非是大众跟风，而是它的确为毕业生提供了更好的发展前景。

3. 管培生的要求

管培生条件优厚，企业对他们的要求和考验自然也同样严格。通过应聘过程中的一轮轮笔试和面试，可以看出企业对管培生的挑选非常严苛。那么，想成为知名企业的管理培训生通常需要什么素质？核心的主要为以下六项：

事业心　领导力　分析能力

快速学习　沟通表达　外语

管培生的招聘对专业和学历的要求比较宽泛，但是对能力和素质的要求非常严格。

4. 管培生的弊端

管培生项目受优秀毕业生追捧，开设的企业越来越多，导致鱼龙混杂、良莠不齐。首先，一些缺乏实力和诚意的企业开设的管培生项目并没有合理的制度和严格的管理，只是为了吸引毕业生投简历应聘而巧立名目。其次，轮岗制度既是优势，也是缺陷，在各个部门的工作时间太短，可能只是了解一点皮毛就要换下一站了。

因此，选择那些有良好传统、被很多往届毕业生推荐的管理培训生项目才更有利于职业发展。

职业分类

职业生涯规划理论中的职业分类

职业生涯规划理论中的职业分类依据是“人职匹配”。理论上认为，个人的职业兴趣与职业都分为现实型、研究型、艺术型、社会型、企业型和常规型。美国心理学家Prediger对职业进一步归纳，划分出“人-事物、资料-概念”的维度模型。美国大学入学考试中心（ACT）依据Prediger的模型将常见的职业划分为26种典型类型，并按照Data、Things、Ideas和People以及处于中间地带的Data&Things、Things&Ideas、Ideas&People和People&Data来归类，由此发展出“职业世界”。

- 数据（Data）：职业特征是处理事实、数字、文件、计算和业务流程。
- 观念（Ideas）：职业特征是运用知识、观察、理论、陈述或创新能力。
- 人（People）：职业特征是进行照顾、服务、帮助、销售和领导等工作内容。
- 物（Things）：职业特征是运用机器、工具、生物、各种材料（食物、木头、金属等）等开展工作。

表3.1 财经与政法专业毕业生就业相关职业分类举例

企业型职业		**事务型职业**	
采购	物流管理	会计/税务/出纳	结算员
法律顾问	销售	财务分析师	行政助理
风险管理	银行客户经理	统计专员	银行柜员
公关/策划	证券交易员	**社会型职业**	
供应链管理	注册会计师	财务顾问	理财规划师
客户关系管理	资产评估师	企业培训师	律师
猎头顾问	证券/期货/外汇/保险经纪人	管理咨询顾问	证券投资顾问
人力资源管理	行业/经济/证券/投资分析师	公务员	
市场调查分析			

从图3.1可以看出，与经济管理相关的职业分布在社会科学（S）、行政与销售（E）以及商业运转（C），尤其集中在“人”和“数据”对应的区域。因此，对财

经与政法类专业的同学来说，大学期间要重视与“人”交往或与“数据”分析相关的能力培养。

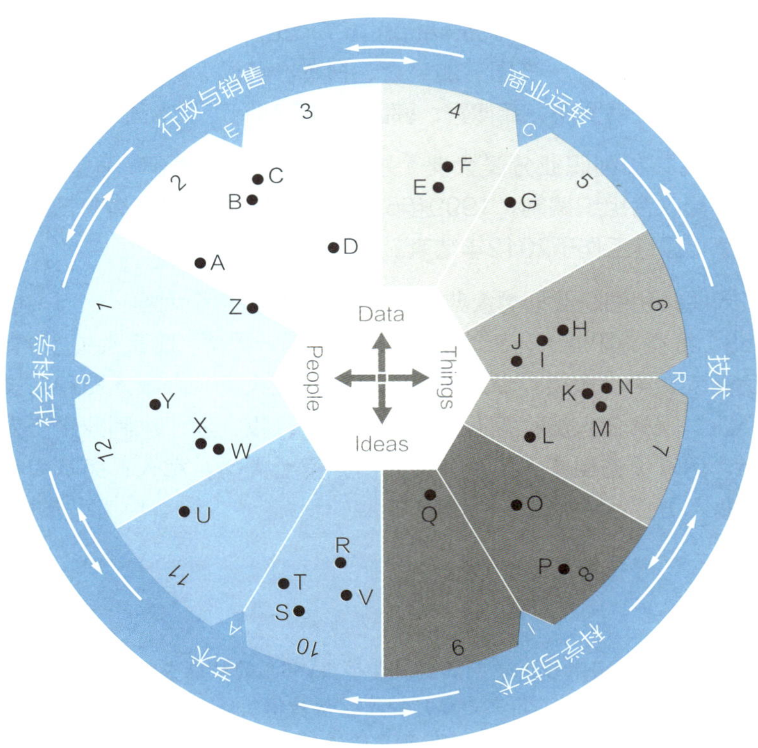

A. 就业服务行业
B. 市场销售
C. 管理类
D. 保护与管理
E. 通信与记录
F. 金融业务
G. 物流与分配
H. 运输业务
I. 农林类
J. 计算机或专职类
K. 建筑与维修类
L. 手工类
M. 加工制造类
N. 机械电子类
O. 工程技术
P. 自然科学与技术
Q. 医疗技术
R. 医疗诊断和治疗
S. 社会科学
T. 应用手工艺(视觉)
U. 创造和艺术表演
V. 应用手工艺(写作和口才)
W. 保健事业
X. 教育
Y. 社区服务
Z. 个人服务

图3.1 职业世界

经济统计中的职业分类

经济产业职业分类主要由各国在国际劳工组织制定的国际标准职业分类（International Standard Classification of Occupations，简称ISCO）的指导下重新分类。据不完全统计，美国、加拿大、日本、英国、德国、法国、澳大利亚、瑞士、荷兰、丹麦、俄罗斯、菲律宾、韩国等国家都制定了本国的职业分类。

《中华人民共和国职业分类大典》由劳动和社会保障部、国家质量技术监督局、国家统计局联合组织编制，1999年5月正式颁布，2011年有关部门联合启动对它的修订，整个修订工作于2012年结束。

《中华人民共和国职业分类大典》将我国职业归为8个大类、66个中类、413个小类、1 838个细类（职业）。8个大类分别是：第一大类：国家机关/党群组织/企业/事业单位负责人；第二大类：专业技术人员；第三大类：办事人员和有关人员；第四大类：商业、服务业人员；第五大类：农、林、牧、渔、水利业生产人员；第六大类：生产、运输设备操作人员及有关人员；第七大类：军人；第八大类：不便分类的其他从业人员。

师兄师姐去哪了

根据上海财经大学的调查，在毕业1~5年的被调查校友中，从事最多的是与财务相关的职业，其次是客户经理，然后依次是综合管理、行业研究、投资分析、审计和风险管理等。具体就业岗位如下：

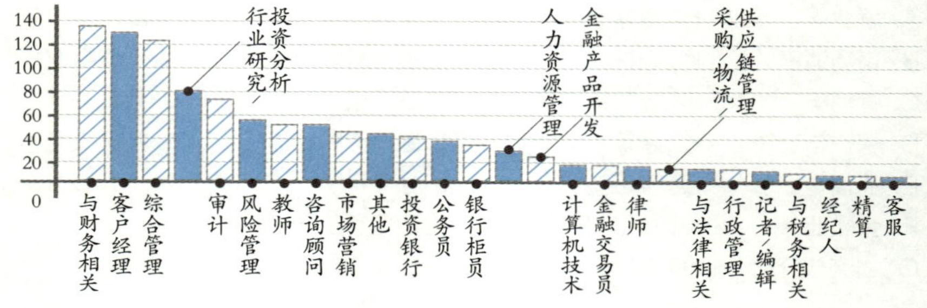

图3.2 上海财经大学校友工作岗位

网络互动

职业分类大典的查询系统：

国家职业资格工作网：http://www.osta.org.cn/

练一练

1. 选择一个你感兴趣行业的典型公司，把它的名字写在表格最中间的圆圈处；
2. 在最中间的九宫格字母处（A、B、C等）分别写下该公司的部门划分；
3. 在字母对应的外围九宫格分别填写属于该部门的岗位；
4. 用特别的标记把你感兴趣的岗位找出来。

D				E				F
			D	E	F			
C			C	○	G			G
			B	A	H			
B				A				H

职业探索与分析方法

职业探索内容

我们需要了解的“职业”即岗位，它关乎以后每天工作的方方面面。职业探索需要解决三个问题：找到感兴趣和适合自己的职业，了解这些职业需要什么能力素质和设计合理的职业发展道路，包括职业工作的内容、工作环境、入门要求的资历和能力、卓越者的特征、薪酬待遇、发展空间以及工作生活特征等。具体内容如下：

1. 职业描述

职业描述是对该职业最初步的认识，通俗的理解就是这个职业叫什么，存在于哪些领域，主要的工作职责和工作内容等。通过职业大典等文献可以得到简略的职业描述，但这还远远不够，如果对某职业有浓厚兴趣，要通过分析职位说明书，对业内人士进行访谈和实习实践进行更详细的了解，把职业描述变成详尽的职业宝典。

很多同学进行职业选择时，常常“顾名思义”——简单地从职业名称去“联想”工作的内容，它会造成我们对职业的错误解读。很多职业，虽然职业名称一样，但在不同的行业或者企业中，工作内容是有差异的。例如，金融行业的“研究员”，在基金和证券行业中主要工作是根据一定的理论和模型进行原创性的研究分析，但在商业银行或第三方理财公司，它的主要职责是对市场上现有的研究报告进行整理和综合。

因此，“职业描述”虽然简单，却是我们理解职业非常重要的第一步。

2. 职业发展

职业发展包括市场需求、横向的相关职业和纵向的发展空间。市场需求取决于该职业在社会企事业单位中的普遍性，市场需求广泛的职业从业者会有更多的选择机会，扩大发展道路的同时职业也更安全。例如，高校教师和会计进行比较，后者的市场需求要比前者大得多，假设一名高校教师和一名会计人员同时离职，会计人员重新找到相同岗位较教师而言存在速度和可能性上的优势。

横向的相关职业是指除本职业以外，具备一定的经验和能力还可以从事的其他相关职业，应该选择较丰富并且是向上的相关职业群的职业。例如，很多毕业后到会计师事务所从事审计工作的同学，工作几年以后会选择转到企业的财务管理岗位或者金融投资领域。

纵向的职业发展主要考虑职业发展路径，即从入门岗位发展到中端职位和高端职位的难度、所需要的时间等。职业发展路径要分析“理论上的”和“实际上的”，比方说，理论上士兵都可以发展为将军，但现实中从普通士兵成长为将军的可能是万里挑一，理论上普通销售人员可以成为销售经理，现实中的确也有很多优秀的普通销售人员工作三到五年后成为了销售经理。

3. 能力要求

职业的能力要求包括两个方向：胜任力和任职资格。胜任力是指在这个职业中表现卓越的员工所具有的深层次特征，它是优秀员工与普通员工的区别。胜任力包括动机、人格特质、价值观、某领域的知识、认知或行为技能等。任职资格要求由两部分组成：行为能力、素质以及外在条件要求，通常包括教育背景、专业知识、经验、技能等。任职资格是雇主初步筛选求职者的判断标准。

胜任力要求可以通过查阅目标职位的胜任力词典、听取有职场成功经历的人士分享或进行访谈以及到岗位上实习实践来了解。任职资格要求可以通过查阅岗位说明书或者对招聘信息进行分析来了解。

胜任力和任职资格都是我们在大学里要培养和积累的重点。财经与政法类专业毕业生面对的职业种类是有限的，因此他们的胜任力和任职资格有很多的共同性，即使暂时还不了解某个具体职业的胜任力和任职资格要求，也可以先就共同的要求进行学习和训练（财经和政法类岗位的能力要求详见第四章）。

4. 薪酬福利

薪酬福利包括薪酬和福利。薪酬是指正常的工资收入，福利一部分是政府强制性的法定福利，如失业保险、社会保险等；另外一部分是雇主自愿自行设置福利项目，如补充养老保险、医疗保险之类。薪酬福利一方面包括工资、福利的“数量”，也包括相关的制度设置。

职业探索时既要了解薪酬福利的“数量”，更要关注它的分配制度。有的职业是固定薪酬，工资和福利随着职位或者工作年限而增长，大多数“内勤”类职位是固定薪酬（如财务、人力资源、行政等）；有的职业是浮动薪酬，工资和福利主要根据员工的绩效表现而定，大多数“外勤”类职位（如销售等）是浮动薪酬。

5. 职业生活

职业生涯包括“职业”和“生活”两部分。科学的职业生涯把职业生活和非职业生活中的各个要素联系起来综合考虑，正确地处理职业生活与个人追求以及家庭目标等非职业生活的关系。探索职业生活首先要了解该工作典型的一天工作安排，其次要了解职业对业余生活的影响，主要内容包括工作时间、工作压力、劳动强度等。

怎么办

本科毕业该直接就业还是继续升学？

麦可思研究院的《2015年中国大学生就业报告》显示，全国2014届大学生毕业半年后继续升学的比例与2013届相比有所上升，其中本科毕业生读研比例从2013届的10.8%上升到11.7%，高职高专读本的比例从3.8%上升到4.2%。

而北京大学的2014年毕业生就业质量报告数据显示，北京大学2014届毕业生中升学比例超过35%，尤为突出的是，本科生国内升学比例为46.35%，出国（境）留学比例为32.65%。

本科毕业升学似乎是大势所趋，家长也总要求我们“上进”，似乎学历越高，前景越好。那么我们该如何理性分析本科毕业后的出路？就个人而言，升学还是就业更合适？判断的依据是什么？

首先，取决于目标职业的要求。财经与政法类相关职业中，教师、投资分析、行业研究、律师、风险管理等对学历要求较高，一般都要硕士以上学历；财务、会计、审计、市场营销、销售、人力资源管理、行政管理等职业对学历要求一般，本科学历基本符合要求。

其次，看将来从事的职业的发展规律。财务、会计、人力资源管理等管理类职业，虽然本科毕业即可达到入职要求，但很多从业者会在积累了一定的工作经验以后去读MBA，有工作经验以后再深造更有利于职业发展。

再次，看家庭经济条件。如果家庭条件较好，能轻松地支持自己继续深造，趁目前学习能力最好的时候在国内升学或者出国深造都是合理的选择；如果家庭需要自己大学毕业后尽快工作支持，那么先工作，等条件成熟后再考虑进修更为理性。

职业探索方法

职业探索的一般流程

科学的职业探索方法首先要利用人脉、网站、书籍、报刊等多种信息渠道，以获得包括正向、负向以及混合的各种资讯。其次是不断扩展自己的思维，提升判断能力，统合多种信息形成合理的决策。再次要有持续探索的精神，循环往复地使用各种职业探索方法，最终达到了解自我和了解职业的目标。

职业探索的第一步是要形成职业库。简单来说，就是能够说出很多职业的名字，而这些职业应该有某种关系：工作内容、需要使用的能力、兴趣类型以及价值观等。同时职业库应该包括行业和职位。

第二步是对职业库中的职业根据自己的兴趣进行排序。得到职业库后需要根据一定的逻辑进行排序。排序的逻辑由个人自己决定，可以是实现的可能性、个人的感兴趣程度等。

第三步是收集职业的信息。通过多种途径收集前文介绍的宏观、行业、组织和职业的相关信息，为后一阶段的职业评估和决策提供素材，即第二章和本章所讲述的职业探索的主要内容。

第四步是进行职业评估。整合信息、运用各种方法进行分析。

第五步是做出职业决策。作出方向性的职业选择，以某一类型职业或行业为将来的求职目标，随后开展新一轮探索。

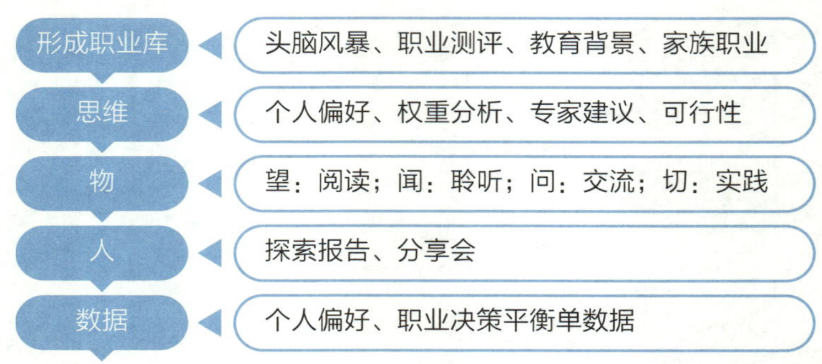

图3.3 职业探索的一般流程

职业探索的重点方法

1. 招聘信息法

企业的招聘信息包含最基本的职位信息，如岗位职责、工作内容和入职要求。把几十家企业同一职位的招聘信息放在一起进行文本分析，即可得出该职位的基本“说明书”。

图3.4 招聘信息法

2. 生涯人物访谈

通过与某一行业或职业中多位资深的、表现出色的工作者深入交流，以获取职业的相关信息。重点是被访者的职场感受和成功经验，以帮助自己做出职业选择，并认识自己和职场要求的差距，有针对性地弥补不足和提升自我。

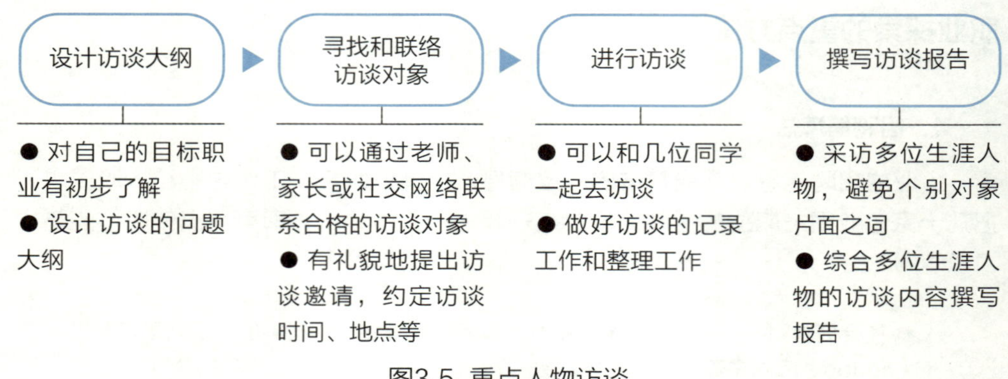

图3.5 重点人物访谈

3. 职场参观

以班级、社团或者党支部等为单位，联络感兴趣的企业，进行参观访问，了解企业的运营情况，与相关部门的负责人进行座谈。不用担心找参观的单位很难，事实上很多企业都喜欢与大学建立联系，越优秀的企业越积极。

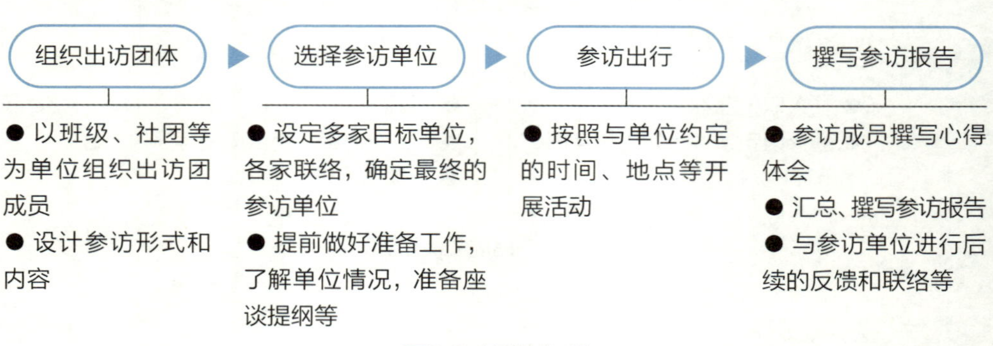

图3.6 职场参观

4. “朋友圈”和公众号的新玩法

SNS（社交网络）是个好东西，当你学完这章以后，微信、微博等SNS应用软件的功能不再只是朋友之间挖八卦或者秀美食，它也可以成为职业探索的重要工具。在SNS应用里，你可以很容易找到大量的业内人士，只要点几个赞或者发发私信就能建立联系。各种行业/职业的公众号也经常举办聚会、沙龙或者论坛，你可以尝试申请志愿者或者报名参加。

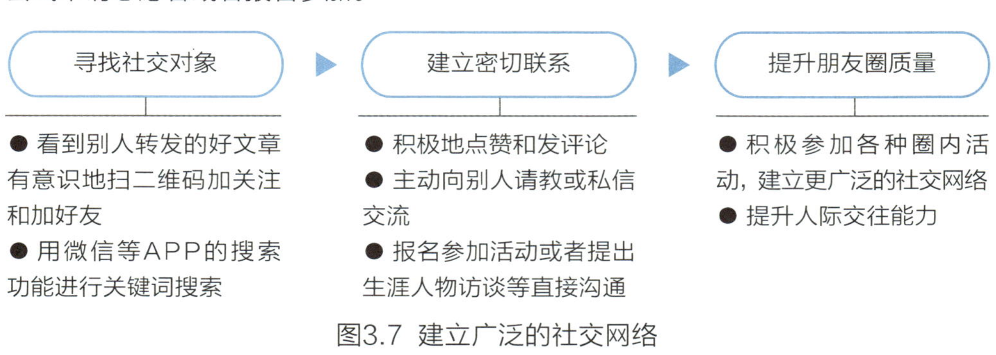

图3.7 建立广泛的社交网络

5. 实习或兼职是最有效的途径

“纸上得来终觉浅，绝知此事要躬行”，各种探索方法得到的信息，最终还是要通过实习或兼职来实际体验。实习不论早晚，无论哪个年级都可以去实习。实习最主要的功能不是积累工作经验或者学习技能，而是验证自己的职业探索消息，激发职业兴趣。

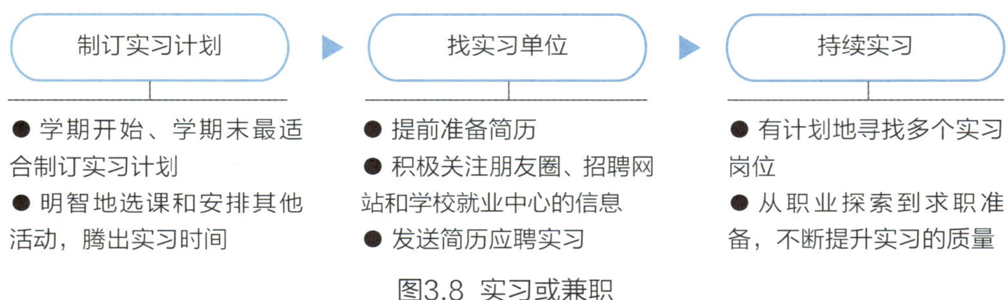

图3.8 实习或兼职

拓展阅读

如何提高职业探索信息的有效性

职业信息分为三种类型：和你原来的认识基本一致的叫正向资讯；和你原来的认识不一致的叫负向资讯；既有一致也有不一致的叫混合资讯。“认知复杂性”可以判断一个人运用资讯的能力，它是指一个人在作判断时考虑不同因素和层面的数目。认知复杂性高的人，表示他的思维框架中储存了很多的权变因素，善于发现、接收和平衡不同的观点。

有心理学家做过实验发现，提供正向的职业资讯反而会降低个体的认知复杂性。原因是提供的职业资讯如果符合个体原先存有的职业概念，会强化他们的认识，从而降低他们对职业世界继续探索的兴趣，也简化了他们对工作世界的认知方式。提高认知复杂性的资讯层面的方法是：加强对负向资讯和混合资讯的关注、了解和记忆。

练一练

职业探索树

图3.9是职业探索的主要方法，从下往上看，越往上的方法越能接近真实的职业。请问你是否进行过相关的活动，如果进行过就在对应的位置画星号，每进行过一次画一颗星。通过这项练习，你可以很清楚地知道自己职业探索活动的现状，将来还有哪些任务要完成。

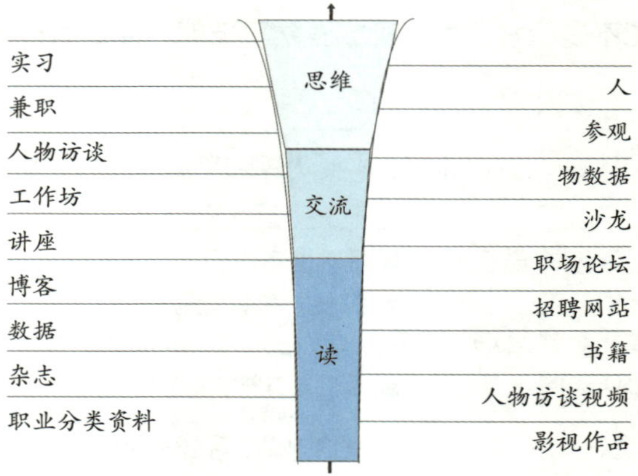

图3.9 职业探索树

职业探索的障碍

自我认知、职业认知和合理决策是职业生涯规划的三大基础。目前自我认知的方法和工具已经非常成熟，大学生职业生涯规划最大障碍是职业认知，也就是职业探索开展不足。职业探索是合理规划职业生涯的前提，但探索并非“心想事成”，探索中可能会遇到某些障碍，主要包括：

1. 拒绝探索

人总是倾向安于现状，如果对当前自己的生活状态没有反思或者职业意识没有觉醒，没有意识到职业生涯决策的重要性，自然不会采取主动的探索活动。如果个体存在消极的职业生涯信念，觉得职业规划没有必要或者没有作用，觉得职业发展难以控制，也不会认真对待职业探索。再者有的人怕苦畏难，担心自己无法获得必需的信息，害怕面对社会，不愿意付出时间和精力进行探索活动。

2. 被动探索

没有职业意识或者职业意识不强的人，在一定的外部压力下也会开展探索活动，例如来自学校、父母等的推动等，这属于被动探索。在我国职业生涯教育开展并不普及的客观现实环境下，被动探索有一定的积极意义，它也是推动职业探索的动力之一。然而，它并不能促进探索的真正成功。只有当个体自己有探索的意识，愿意遵照科学方法自主地开展各种探索活动，持续地投身其中，才有可能实现认识、观念、行为和能力的改变。

3. 低效探索

不采取行动是职业探索最大的障碍。然而即使积极行动，效果也不一定就如预期的一样，不良的探索习惯和探索行为是导致探索效果不佳的主要原因。首先，没有目的性的、随心所欲的职业探索，这种探索的动机有很大随意性，不是基于对职业原有的认识之上，也不是建立在一定的职业意向上，而是由于某些原因激发的随意行为。其次，只注重信息的获取但不加判断。互联网发达以后，信息丰富，人们获得信息的难度和成本大大降低，同时也可能陷入信息过量的陷阱，依赖现成的报告，轻易采用互联网上的资讯等。再次，依赖专家和采取最容易的探索活动也是常犯的错误。合理的探索，应该是有针对性的、按部就班的和严谨客观的。

拓展阅读

HR经理谈大学生对职业的探索

很多企业一线的HR经理表示，大学生在获取“三业”（行业、企业和职业）信息的过程中会出现一些共同的错误，主要可以总结为以下三个问题：

无知——听天由命，随波逐流

现在大学生在求职时，由于对外界职场环境和信息了解甚少，或是不愿意花时间下功夫主动去了解，很容易出现两种极端心态：要么是心态过于消极，在严峻就业形势的打压下变得心灰意冷，在职业选择时“听天由命，随波逐流”；要么就是心态过于积极，出现“迟早能找到工作，不用太着急，有公司要我我就去”的心态，也不管这家公司的实际情况，其他人投简历他也投，如果不合适就跳槽。

偏知——了解不均，仓促决定

有些同学对“三业”中的一业或两业了解甚多，而对其他的知之甚少，这就导致他在职场环境的总体把握上信息不均衡，出现选择偏差。比如“非大公司不进”“一定要专业对口”等。虽然很少有工作能同时满足我们的需要，总是有局限性和令人失望之处，不该苛求完美，但是在全面了解的基础上综合作出评判和权衡，才能够帮助我们准确地找到相对满足自我需求的工作。

假知——信息片面，浮于表面

现在网络媒体发达，每天都有大量的信息向我们涌来，很多同学容易迷失在汹涌的信息浪潮中，抓不住事情的本质。企业也把招聘看成宣传企业的过程，往往提供的都是积极的信息。同学们缺乏工作经验和阅历，没有很好的信息识别能力，容易被一些媒体的报道和企业的宣传误导。

因此，企业HR经理郑重建议同学们：无论在职业规划还是求职面试过程中，都要对“三业”信息有一定了解和把握，培养了解外部环境的意识和能力；同时也要警惕一些信息搜集的误区，通过多方途径使自己了解到最真实、准确的职场信息。

资料来源：曹渊勇等.职场零距离——大学生就业指导.高等教育出版社，2014

职业探索与职业生涯规划

职业与大学生涯规划

美国教育家约翰·杜威曾说：幸福的关键是发现自己适合做什么并确保有机会去做。“职业探索”的意义正在于此。一方面，职业规划中的自我探索可以帮助澄清个体的职业取向和需求，但这些取向和需求如何与现实中的职业建立联系，关键就在于职业探索。另一方面，通过一系列的探索活动了解目标职业的能力和资格要求，并配合对应的教育和培养，正是“有机会去做”的保证。

1. 评估自己的就业机会

将来的就业机会取决于两个方面。首先是自己的目标职业的人才需求规模。参照在第一节介绍的财经与政法类对应的职业，如果是通用型的职业（财务、人力、行政、营销和销售），我们并不太需要担心市场需求；如果是特定行业才有的职位（风险管理、投资类、行业研究等），我们可以通过查阅重点企业的人才需求状况来评估整体的就业形势。方法是设置二三十家目标单位，查阅它们最近五年的校园招聘计划，进行时间序列统计，可以得到这些职业的人才需求趋势。

其次是目标职业的能力与入职资格要求。能力与入职资格要求认知比较简单，用上一节中介绍的招聘信息整理法即可了解该职位的主要应聘条件。有目标却没有能力实现很令人沮丧，看一下自己离雇主的要求还有多远，如果还不达标，不要气馁，你可以在大学期间进行有针对性的准备（关于能力和入职要求我们将在下一章作详细分析）。

总的来说，机会+能力=职业目标实现。

2. 规划入职资格

雇主招聘时会有一些硬性的指标，称为入职资格。大学期间规划入职资格主要考虑三个问题：教育背景需求是什么（学历、专业和成绩）、雇主青睐有哪些经历的毕业生（社会实践和实习）以及是否需要特定的证书（外语等级和职业资格证）。

还有另外一种资格叫“职业准入”，它是主管部门（国家行政机关或者行业协会等）制定的职业规范，主要代表是各种职业资格证书。职业准入是行政性的规定，入职资格是雇主对应届毕业生提出的要求，实际就业中后者的重要性更大，除医生、教师、律师和会计师等法律规定的之外，绝大部分的“职业准入”都没有强制性，也不能成为用人单位招聘时的主要依据。

3. 适应未来的人才竞争

外资企业一般偏向招收学校典型的“好学生”：学生成绩好、综合能力强，能够很好地接受外资企业的文化。民营企业收入相对偏低、工作强度相对较高、工作难度大，但给员工的发展机会最大，他们一般会用员工持股等方式激励员工，与企业生存压力相关。民营企业认为胆量胜过见识，通长胜过专长，窗外事胜过圣贤书，因此偏向招收胆大心细、有冲劲的学生。而国有企业和事业单位也偏向招收综合素质高的“好学生”，但其更注重人才与岗位的“对口性”和“匹配性”，例如党员、文艺才能、学生干部、适合出差等因素都可能在应聘中给自己加分。

优秀企业青睐“全球化”人才。以财经与政法类毕业生的第一选择——金融行业为例，一方面越来越多应届毕业的“海龟”回国就业，另一方面中国金融企业的“全球招聘”已经不是新鲜事。交通银行、民生银行、安邦保险、中信证券……越来越多的企业加入“全球招聘”的队伍。

毕业生应该意识到，就业机会增多并非是对所有毕业生，大部分机会更多的赋予了高层次的人才。所以国内财经与政法类优秀毕业生的竞争对手并非你隔壁班的小明，而是国内和国外一流大学的同学们。

一定的学历基础、优秀的沟通能力、良好的外语、丰富的历练、专业思维……成为高端人才的路很漫长，但这是智者和勇者必走之路。

过来人

怎样获得自己心仪的工作

（上海财经大学国际贸易专业，刘学长，现就职于某国际知名管理咨询公司）

在大学期间，我逐步接触到管理咨询行业，由此产生了兴趣。通过自己的努力，在毕业时成功获得了现在这份工作。我觉得成功实现自己的职业目标并不难，只要掌握一定的方法努力去做，大家都能做到。首先，要了解这个行业，了解它的运营模式、工作内容以及需要员工具备的技能素质；其次，要找到有关的实习，通过切身体会增强对这个工作的了解；最后，要培养自己的能力。

我学的是国际贸易，平时就接触了比较多的商业常识和经济原理，这些基础知识在咨询的案例分析中非常有用，我也在大学期间特地去训练自己的案例分析能力。在大三的时候我就开始找咨询方面的实习机会，让自己更加了解这个行业，同时觉得它很锻炼人，自己对这个行业的兴趣越来越大。为了成功获得理想的工作机会，我有意识地训练自己的演讲、逻辑分析、沟通等能力。当然，学习成绩也非常重要，它代表你的学习态度和能力。

获得自己心仪的工作并没有什么秘密，只要你按照一定的方法努力，人人都可以。

拓展阅读

这67项职业资格证书被取消了，你还在考吗？

11月24日，国务院印发《关于取消和调整一批行政审批项目等事项的决定》，决定取消67项职业资格许可和认定事项。本次取消的职业资格许可和认定事项中，专业技术人员职业资格有26项，其中准入类14项，水平评价类12项，涉及证券、保险、土地估价、公路水运、金融理财等多个专业领域；技能人员职业资格有41项，其中准入类1项，水平评价类40项，涉及民航、粮食、农业等领域。

在所有取消的67项职业资格许可和认定中，包括“最值钱证书”——保荐代表人资格。另外，包括保险公司精算专业人员资格认可、内部审计人员岗位资格等在内的一大波象征着“金饭碗”的证书也被取消。业内人士指出，这意味着投行业内原先凭借保荐代表资格证书就能获得高额薪水的时代结束了，保荐代表这只投行“金饭碗”将被打破。

提醒大家：一定要看清下面67项职业资格许可和认定，以后就别考了。

央视新闻 2014年11月26日 07:54

http://m.news.cntv.cn/2014/11/26/ARTI1416959133438775.shtml

练一练

搜索50条自己感兴趣的职业的招聘启事，从中分析该职位的入职资格和胜任力要求。

职业探索与职业选择

选择“适合”自己的职业

“人职匹配”被认为是职业选择最重要的原则，从职业兴趣、人格特征、职业价值观或者能力特长等个人特质角度出发，选择适合自己的工作几乎已经成为共识。职业生涯规划学科也发展了很多方法和工具来评估个人特质，然而我们却不能单纯地根据这些方法和评估工具的结论来选择职业。

一方面，对职业特征的科学研究几乎空白，某个职业适合什么样的人往往来自于经验判断甚至想象，例如并没有可靠的研究证实优秀的财务经理与销售经理人群在职业价值观上有什么不同等。因此，从自我探索的角度得到的职业方向仅仅是一种提示：我们有可能适合这些工作。但实际上是不是适合，必须要靠自己去尝试。

另一方面，个体职业选择的动机和需求是复杂的。影响个人职业满意度的因素是多元的，靠理论无法判断兴趣、个性、价值观或者发挥所长中哪种因素对自己更重要，有了实际体验以后，在现实决策中才能凸显个人的需求和动机。实际工作中，某些原来被忽视的因素也有可能造成很糟糕的职业体验。

因此，通过实践性的职业探索去验证自我探索的结果，是作出合理职业决策的必经环节。

拓展阅读

“兴趣”是最重要的吗？——妥协理论的解释

妥协理论是指个体在选择职业的实现过程中可能会存在许多障碍，最理想的职业往往不能获得，因此必须在自己认可的接受区域内做出选择，这是一个妥协的过程。

妥协理论的创始人，心理学家Gottfredson认为，个体在职业选择时，性别角色、声望和兴趣是比较重要的因素，他们在妥协过程中会遵循一定的顺序。当低度妥协时，最先牺牲的是性别角色，然后是声望，最后是兴趣；当中度妥协时，最先牺牲的是性别角色，然后是兴趣，最后是声望；当重度妥协时，最先牺牲的是兴趣，然后是声望，最后是性别角色。

职业发展前景分析

1. 职业价值链分析

“价值链”理论由哈佛商学院教授迈克尔·波特提出，最早用于行业和企业战略分析，近年来被逐渐引入人力资源管理中。波特教授把企业内部的所有活动分为基本活动和辅助活动。基本活动是指能为客户直接产生价值的活动，如生产、市场、销售和客户服务等。辅助活动是间接产生价值的活动，包括采购、技术开发、人力资源管理、行政管理和基础设施建设等。

“职业价值链”分析包含两个方面。首先是企业在行业价值链中的地位（见上一章内容）。其次是职业在企业价值链中的位置。例如在高科技企业中，研发和销售直接创造企业利润，属于不可或缺的岗位。人力资源、财务等属于辅助活动，不直接创造价值。但在生产型企业中，人力资源和财务的重要性大大提高。因此，职位的价值是由行业、企业地位、价值链中的位置共同决定。

从发展前景出发，职业选择中优先考虑直接创造价值的核心岗位（部门），一般指生产、市场、销售和研发（研究）。人力资源、财务、行政等非核心岗位（部门）则要考虑该岗位（部门）对不同企业的意义。

2. 职业核心优势

职业的客观发展前景固然重要，职业的核心优势是否符合个人特征则是需要考虑的另一项重要因素。职业核心优势是个人在长期工作中建立的职场竞争力，可以从三个方面考虑：专业竞争力、社会资源竞争力和行政经验竞争力。

（1）专业竞争力：具有专业竞争力的职业，工作中需要经常运用特定的专业技术或者工具，这些专业技术或者工具必须通过长期的正规教育或者培训才能掌握，例如医生、程序员、律师、会计师等。

（2）社会资源竞争力：具有社会资源竞争力的职业，通常处于社会网络的关键节点，工作中需要大量具有协调性的社会资源，例如公务员、销售、企业高管等。

（3）行政经验竞争力：积累行政经验竞争力的工作，通常为处理大量文书、规章制度、会议、日程安排、调度等繁复的日常事务，依靠经验和熟练程度建立职业优势，如基层办事员、行政管理、文秘等。

各类职业的核心竞争力不存在优劣高下之分，关键在于是否与个人能力特长一致，因此在职业选择中也要考虑自己是否善于建立对应的竞争力。

拓展阅读

传统和新兴职业的兴衰更替（节选）

中国有句古话叫做“行行出状元”，意思是只要用心，在任何行业中都能做出成绩，这句格言曾经激励着一代又一代的中国人在不同领域锐意进取、开拓创新。然而，在中国飞速发展的今天，中国出现了越来越多的新兴职业，同时也有一部分行业开始走向没落。“行行出状元”似乎已经不能适应中国快速发展的经济环境了。

近些年，中国经济的飞速发展使中国的市场需求发生了显著的变化，需求的变化引起了人们的工作的相应变化，一些在几年前还没有听说过的职业大量涌现，而在过去十分普遍的职业却越来越少有人问津。

随着社会的进步，许多与经济发展不相适应的职业已经销声匿迹了。在几年前的中国，还有许多人从事传统的手工业工作，例如那些制造简单的生活必需品如帽子、鞋的制造业工人、磨刀人、修补破碗和其他容器的手艺人，现在这些人在城市中已经很难再见到了。

新兴的工作职位五花八门，基本上是市场中有什么样的需求就会出现什么样的职业。例如，专业色彩协调员是专门帮助顾客处理从室内装潢到个人着装的色彩搭配的人员；专业陪聊人员的工作就是坐下来耐心地倾听客户发泄心中的不快；陪购的工作是陪客户购物并帮助客户携带大大小小的购物袋。总之，决定一切的是市场需求，工作在各个行业、各个职位的人们目的只有一个——满足市场需求。

资料来源：Chua Chin Hon.传统职业加速走向没落.新加坡《海峡时报》，2003

完成以下的职业探索报告

<table>
<tr><th colspan="2">探索时间</th><th>探索单位名称</th><th>涉及岗位</th></tr>
<tr><td colspan="2"></td><td></td><td></td></tr>
<tr><td rowspan="11">职业环境探索项目</td><td>组织环境</td><td colspan="2"></td></tr>
<tr><td>工作职责</td><td colspan="2"></td></tr>
<tr><td>职业生活</td><td colspan="2"></td></tr>
<tr><td>职业发展路径</td><td colspan="2"></td></tr>
<tr><td>压力来源</td><td colspan="2"></td></tr>
<tr><td>胜任力要求</td><td colspan="2"></td></tr>
<tr><td>职业价值观</td><td colspan="2"></td></tr>
<tr><td>入职资格</td><td colspan="2"></td></tr>
<tr><td>就业需求</td><td colspan="2"></td></tr>
<tr><td>相关专业</td><td colspan="2"></td></tr>
<tr><td>相关职业</td><td colspan="2"></td></tr>
<tr><td colspan="2">探索心得</td><td colspan="2"></td></tr>
</table>

04

我的未来之**能力发展**

工作适应模式理论（Person-Environment Correspondence，PEC）认为，当工作环境能满足个人的需求（内在满意），个人也能满足工作的技能要求（外在满意）时，个人的工作满意度会比较高，个人在该工作领域才能够得到持久发展。

“外在满意”主要通过个人能力与工作的技能要求之间的配合程度来进行评估，因此我们不难看到：做自己能够胜任的工作，培养和发展自己的能力，常常是个人选择职业时希望能够得到满足的需求，亦即与能力相关的价值观。由此可见，能力与个人的职业满意度、工作适应性以及职业稳定性具有直接的相关关系。

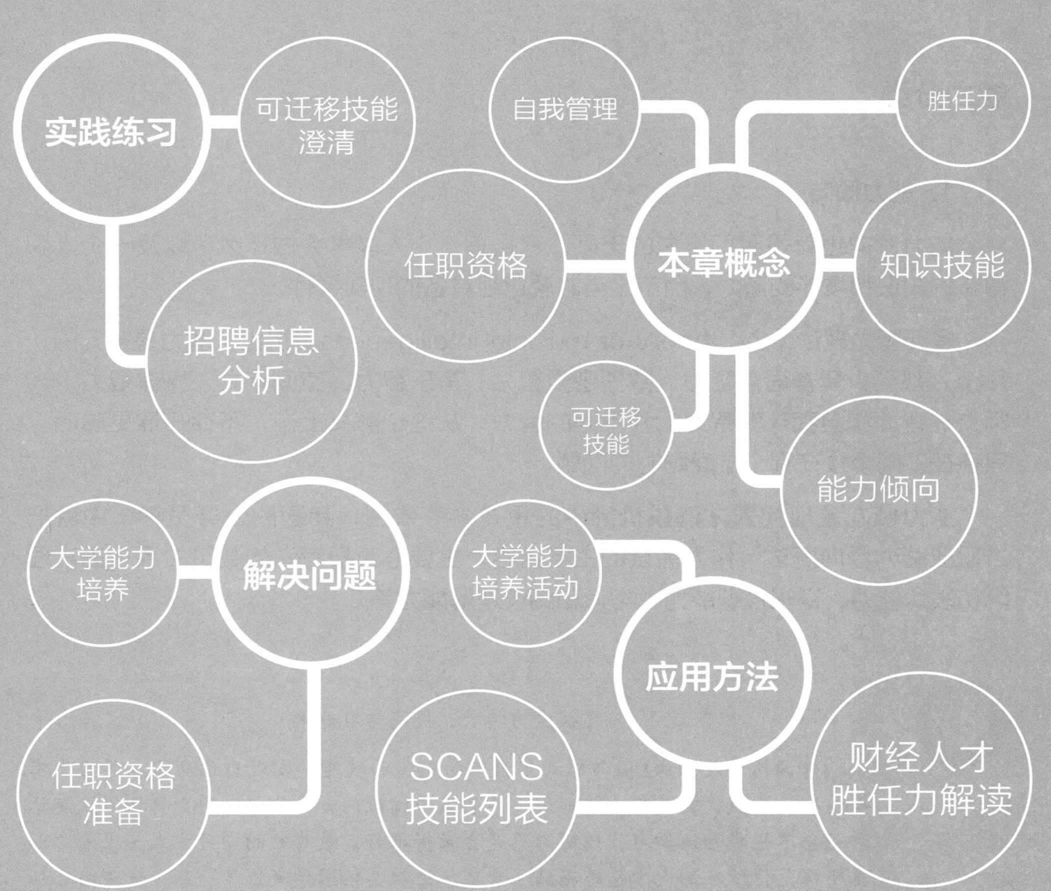
实践练习
可迁移技能澄清
招聘信息分析
自我管理
胜任力
任职资格
本章概念
知识技能
可迁移技能
能力倾向
大学能力培养
解决问题
任职资格准备
大学能力培养活动
应用方法
SCANS技能列表
财经人才胜任力解读

职业能力面面观

你能在什么领域脱颖而出

能力分类

1. 能力倾向

能力倾向也就是我们常说的天赋。它是指一个人能学会做什么，以及一个人获得新的知识和技能的潜力，而不是当时就已经具备的现实条件。

多元智力理论（the theory of multiple intelligences）提出：智力是多元的，每个人都至少具备语言智力、数理逻辑智力、音乐智力、空间智力、身体智力、人际交往智力和自我认知智力七种不同的智力。从这个意义上说，不存在谁更聪明，只存在不同个体在哪个方面聪明的问题。

能力倾向是现代人才选拔机制中的重要参考依据，我国的公务员考试中就把“职业能力倾向测试”作为笔试的主要内容，主要考查报考者的数量关系、语言理解和表达能力、逻辑推理能力、常识和阅读理解能力等。

案例

发挥能力特长，提高学习效率

外国语学院的小L同学探索了自己的天赋和技能，发现自己从小在学习上有个特别的天赋，就是听力特别好，声音当中细微的差异他都能辨别得出来，英语学习中不用费劲地学习，但听力总是会考得很好，最喜欢的学习方式不是看书而是听课，他所在的地方总是充满了音乐。他和其他同学交流了一下，发现自己似乎喜欢听更甚于看或说，所以在学习中他充分运用了这个能力，多听、善听，将困难的内容变成听觉刺激，提高了学习效率。

2. 知识技能

指那些需要通过教育或者培训才能获得的特别的知识或能力。知识技能必须经过专门的教育和培训才能掌握。它也是大学教育培养的重点，但不是只有通过正式的专业教育才能获得，通过自学、听讲座、参加课外培训、研讨会、资格认证考试等方式都可以帮助个人获得知识技能。比如，通过课堂学习、专题培训等途径掌握不同领域的知识；通过讲座、会议、活动等学习通识知识；通过体验、非正式交流等方式获得生活常识；等等。用人单位一般也为新员工提供相关的上岗培训。

知识技能有以下几个特征：

（1）知识不容易迁移到其他领域。比如，机械知识较难迁移到文学知识中，管理知识也较少用到数理知识中。特别是专业性比较强的知识，如果要跨专业学习或者求职，就比较困难。比如，一个通信研发工程师，要求具有良好的通信专业知识，那么文科专业的学生应聘这样岗位的可能性就不大了。换个角度说，如果某个职业对专业知识的要求不高，比如行政助理，那么具有不同专业知识的学生就都可以去做。

（2）知识技能容易获得也容易失去，因此需要不断地弥补和更新。知识的学习通常是依靠认知、理解、记忆等大脑功能获得。知识的获得水平也是有差异的，根据信息加工理论，知识的获得由浅入深依次经历知识表征（即对知识进行注意、感觉和编码）、短时记忆（短暂的保留至记忆中，很快就衰退或者被干扰）、长时记忆（相对长久的储存，但会因为知识的提取影响因素而不能顺利提取）等过程，最终内化到个体已有的知识结构当中。在知识获得的各个阶段，都会因为个体对信息加工的不完全而不能顺利获得相应的知识。同时，即使个人获得了知识，提取知识的过程也会受到先前经验、记忆水平、外部干扰等影响，从而阻碍了知识的正常提取。一般而言，获得知识和提取知识需要掌握相应的技巧，比如过度学习、及时复习、有意义学习等，同时要不断地更新知识，这样才能较好地提升自己的知识水平。

有研究者认为，“专业知识”在求职中的重要性往往被求职者夸大（即知识技能在求职中并没有想象中那么重要），因此“专业对口”也许不应成为职业规划和求职时的障碍。许多同学担心跨专业就业会不会成功（失败），其实除非所从事的工作对专业知识的准入条件要求非常高，不然通常岗位所要求的知识和技能可以通过课堂内外不同途径的学习来补充，而且知识的获得相对比较容易，大学期间学习的知识到职场上还需要经过再适应和调节才能够恰如其分地应用到具体的工作行为中。

因此，不论是专业对口还是专业不对口的工作，都需要持续学习，并进行职业化的转化过程。

3. 可迁移性技能

可迁移性技能是在不同情境下持续有效使用的能力，也被称作通用技能，是伴随人终身的可持续发展能力，比如学习、组织、设计、计算、考察、分析、搜索、决策等。

可迁移性技能是个人最能持续运用和最能够依靠的技能，它不一定来自于专业学习，却可以迁移应用于不同的工作之中。比如沟通能力，可以迁移到不同的场景中有效解决问题。在生活当中，我们的衣、食、住、行都要与他人沟通，比如讨价还价，就是运用了简单的谈判沟通技巧，而这种沟通技巧经过职业化运用到工作场合时，就是商务沟通，有可能促成一笔成功的订单。

相比于知识技能，可迁移性技能的获得相对困难，是相对长期的训练和积累。知识技能可能通过一段时期的学习就能掌握，但可迁移性技能除了知识层面的学习，更需要经过行动训练或技巧练习来掌握，掌握之后能够持续运用并且较难遗忘。

可迁移性技能属于核心职业技能，因为它能够预示一个员工在不同场景中处理问题的能力。许多同学认为自己在校期间没有任何工作经验，所以对职业能力信心不足，但其实在校期间的经历都在训练和培养自己的可迁移性技能，只不过自己没有觉察。

比如，你在班级组织一个小型活动，需要与老师、同学们沟通以了解他们的要求和需求，或者在活动中发生了一些冲突，需要及时有效地解决，这能够表现自己的沟通能力（正确倾听他人观点并表达自己的观点，针对不同对象运用不同的沟通方式，最终达成一致意见）；你可能还需要组织一些同学共同执行活动，展现组织协调能力（采用一定的策略组织人员，进行合理分工并跟进人员的任务进展，一定程度上争取资源，确保任务达成）；你也可能需要针对活动收集大量信息，这又能够训练你的信息收集技能（通过线上线下等多种途径收集有效信息，并找出信息背后的规律或结论。）

所以，在个人求职的时候，即使不是“科班”出身，也没有具体从事过应聘的职务，但是因为在大学期间的各种经历中训练和展现了自己这些与职场相关的可迁移性技能，仍然可以跨专业应聘你想从事的职业，尤其是那些对知识技能要求并不是很高而可迁移性技能更重要的职业。

练一练

针对下列可迁移技能项目，擅长的技能画“○”，已经掌握的技能画“√”，喜欢的技能画“☆”。

表4.1 可迁移技能表

建议		写作		适应		掌管		确定		分析	
仲裁		指导		安排		预算		评估		预测	
组合		获取		系统化		审计		分类		建筑	
计算		制图		翻译		收集		交流		统一	
编撰		演奏		保存		估算		概念化		打字	
指挥		巩固		建构		陈述		决策		概述	

4. 自我管理技能

著名求职顾问理查德·尼尔森·鲍利斯（Richard Neilson Bolles）在他的著作《你的降落伞是什么颜色？》（*What Color Is Your Parachute*）中提到，还有一种技能是“个性特征”，如诚实正直、自信开朗、耐心细致、吃苦耐劳等。

表面上看这些特征属于性格的范畴，但实际它是自我管理和约束的结果。因此，自我管理技能从严格意义上来说是一种做事风格和个性品质，比如，高效率的、自控的、主动的等。这些特征通常是基于个人经历形成的，换言之，自我管理技能把个体塑造成具体的、鲜活的人。

在职业发展和社会生活中，自我管理技能是“成功所需要的品质、个人最有价值的资产”。这是技能中要求最高的一部分，因为自我管理技能最难形成，有时甚至是一种长期形成下来的、稳定的人格特质或个人才干。所以这部分的个体差异性最大，同时也最难以评估和掌握。

雇主对于品质、态度等自我管理技能的考察与对专业知识、可迁移技能的考察是同样看重的。一个没有责任心的毕业生，即使成绩再好也是不会受企业欢迎的；同样，一个头脑非常灵活的毕业生，如果自我管理技能太差，那么他执行工作的能力也是不够的，也不受欢迎。

自我管理技能是个人职业发展的重要条件。员工在岗位上履行岗位职责时，更多的依赖于知识技能和可迁移技能，要表现出超出岗位要求的能力则一般是自我管理技能的作用，这也是为什么同样岗位上有的员工绩效平平，有的员工却总能“多做一点”，不断地提升自己的工作水平，同时也为组织创造价值。因此管理者在提拔时更加看重的是个人的才干品质，即自我管理技能部分。

表4.2罗列了部分自我管理技能，可以参照看看自己是否具备。

表4.2 自我管理技能举例

准确	精力充沛	执着	有进取心	节俭	守时
务实	高效	积极	热情	关心他人	有适应性
灵活	有冒险精神	细心	有欣赏力	理智	坚定
权威	精明	可信赖	创新	自我控制	沉着

案例

一位优秀的毕业生在公司干了3年没有晋升，而比他后进公司的师弟近期刚刚被提拔。他心里很不平，于是找老板了解原因。老板没有说别的，先让他去联系一个即将到访的客户，询问客户什么时候来。他马上弄好了回来，但是只问了客户到的时间，其他的信息都没有了解。后来老板把同样的事情交代给那位师弟去办，这个师弟很负责任地将客户到访的时间、地点、人数、所入住的宾馆、来公司的具体行程都打听清楚了，并且根据客户需求安排了车辆、预定了房间和会议厅，最后询问老板还有什么需要交办的。

启示：企业喜欢主动负责的员工。是否主动既是一项要求，也是个人的自我管理能力。一件事情做得好与不好，不仅依赖你在工作中所具备的知识和经验技能，还在于你对待事情的态度，如果你有超越工作本身的态度，那么你也会得到超越其他员工的收获。

拓展阅读

21世纪企业最需要的7种人才

21世纪，现代企业最需要的不仅仅是个体上优秀，或只拥有某方面特质的“狭义”的人才，而是能够全面适应21世纪竞争需要的，在个人素质、学识和经验、合作与交流、创新与决策等不同方面都拥有足够潜力与修养的“广义”的人才。如果把20世纪企业需要的人才特质与21世纪企业对人才的要求做一个简单的对比，我们大致可以得到下面这张反差强烈的对照表：

表4.3 不同时代需要的人才要求对比

20世纪最需要的人才	21世纪最需要的人才
勤奋好学	融会贯通
专注于创新	创新与实践结合
专才	跨领域的综合性人才
IQ	IQ+EQ+SQ
个人能力	沟通与合作能力
选择热门的工作	从事热爱的工作
纪律、谨慎	积极、乐观

并不是说20世纪强调的诸如勤奋、踏实等人才特质就不再重要，事实上，21世纪对人才的要求同样会以这些最为基本的个体素质和行为规范为基础。只不过，21世纪对人才的要求更全面也更丰富，审视人才的视角也从单一的个体层面转向了融合个体、团队、组织、社会乃至环境等多个维度，涵盖学习、创新、合作、实践等多种因素的立体视角。

概括说来，21世纪需要的人才具有以下7个鲜明的特点：

1. 融会贯通：仅仅勤奋好学，在今天已经远远不够了。因为最好的企业需要的人才都是那些既掌握了丰富的知识，又具备独立思考和解决问题的能力，善于自学和自修，并可以将学到的知识灵活运用于生活和工作实践，懂得做事与做人的道理的人才。

2. 创新与实践相结合：从根本上说，价值源于创新，但创新只有与实践相结合才能发挥最大的效力。“为了创新而创新”的倾向是最不可取的；反之，在实践过程中，我们也不能只局限于重复性的工作，而应当时时不忘创新，以创新推动实践，以创新引导实践。只有这样，我们才能不断研发出卓越的产品。

3. 跨领域的综合性人才：21世纪是各学科、各产业相互融合、相互促进的世纪。现代社会和现代企业不但要求我们在某个特定专业拥有深厚的造诣，还要求我们了解甚至通晓相关专业、相关领域的知识，并善于将来自两个、三个甚至更多领域的技能结合起来，综合应用于具体的问题。

4. “三商”（IQ + EQ + SQ）兼高：21世纪的企业强调全面与均衡。一个人能否取得成功，不只要看他的学习成绩或智商（IQ）的高低，还要看他在智商（IQ）、情商（EQ）、灵商（SQ）（Spiritual Quotient：高灵商代表有正确的价值观，能分辨是非、甄别真伪）这三个方面是否达到均衡发展。

5. 沟通与合作：沟通与合作能力是新世纪对人才的基本要求。在21世纪，我们需要的是“高情商的合作者”，而不再是孤僻、自傲的“天才”。因为随着全球化、信息化进程的不断发展，几乎没有哪家企业可以在脱离合作伙伴、脱离市场或是脱离产业环境的情况下独自发展。要想在21世纪取得成功，就必须与分布在世界各地的相关企业、社团乃至政府机构开展密切的合作，这种全球化合作当然离不开出色的交流和沟通能力。

6. 从事热爱的工作：在全球化的竞争之下，每一个人都要发挥自己的特长。而发挥特长的最好方法就是根据自己的兴趣、爱好来选择工作。因为做自己热爱的工作，才能真心投入，才能在工作的每一天都充满激情和欢笑。这样的人才是最幸福和最快乐的人，他们最容易在事业上取得最大的成功。

7. 积极乐观：在机遇稍纵即逝的21世纪里，如果不能主动把握机会甚至创造机会，机会也许就再也不会降临到你的身边，如果不能主动让别人了解你的能力与才干，你也许就会永远与你心仪的工作无缘。同样地，畏惧失败的人会在失败面前跌倒，并彻底丧失继续尝试的勇气。而乐观向上的人却总能把失败看作自己前进的动力。显然，积极乐观的人更容易适应21世纪的竞争环境，更容易在不断提高自己的过程中走向成功。

资料来源：李开复.给中国高校的一封信——请培养21世纪企业需要的人才.职业技术月刊，2007

职业发展的核心要素：胜任力

长期以来，“智商”一直是评价人才的最重要标准。20世纪70年代，哈佛大学教授麦克利兰（McClelland）接受美国政府委托进行外交官遴选的项目。他经过大量研究发现，传统的人才评价方法并不能预测员工的工作绩效和个人职业生涯发展，真正影响个人工作绩效的是“成就动机”“人际关系理解”“价值取向”等潜藏的特征，从而提出“胜任力”理论。（“能力模型”“素质模型”“领导力模型”“全能力模型”等都是不同学者和机构对“胜任力”的别称。）此后，胜任力成为人力资源管理领域最热门的研究方向之一，经过大量理论研究者和管理实践者的推动，它也成为了人才选拔最主要的依据。麦克利兰认为胜任力包括以下几个层面：

- 知识：指某一职业领域有用信息的组织和利用。
- 技能：掌握和运用专门技术的能力。
- 社会角色：个体对于社会规范的认知与理解，展现在他人面前的形象。
- 自我认知：对自己身份的认同、知觉和评价。
- 人格特质：指个体所具有的个性特征和典型的行为方式。
- 动机/需要：指决定个体外在行为的内在稳定的思想。

人力资源管理专家研究总结出普遍的胜任力词典。胜任力素质可分为6大类和20个具体要素。这20个素质要素是对人类的知识、技能、社会角色、自我概念、性格、动机的全面概括，形成了企业任职者完整的素质模型。从“胜任力”的定义可见，它更多的是可迁移性的技能和自我管理技能的综合。

- 成就与行动，具体包括4个素质要素：成就动机，主动性，对品质、次序和精确度的重视，信息收集意识和能力。
- 帮助与服务，具体包括2个要素：人际理解能力、客户服务导向。
- 冲击与影响，具体包括3个要素：影响力、关系建立能力、组织认知能力。
- 管理，具体包括4个要素：培养他人的意识与能力、团队合作精神、团队领导能力、命令/果断性。

● 认知，具体包括3个要素：分析式思考能力，概念式思考能力以及技术、职业和管理专业知识。

● 个人效能，具体包括4个要素：自我控制、自信、弹性、组织承诺。

拓展阅读

商业银行理财经理的胜任力模型

商业银行管理者在招聘和选拔理财经理后备人才队伍时，作为一名优秀的管理者就不能仅仅局限于通过对候选人的基本技能、教育背景、工作经验、业务知识等外在要素进行考察和选择，而是应该全面地从候选人的竞聘动机、个人品质特征、社会价值观、自我认知以及职业生涯发展规划等方面进行综合全面的考察和测评。对于信用风险较高的理财经理队伍而言，如果求职者没有良好的工作动机、个人品质、社会价值观等个人内在素质作为强大支撑，那么求职者能力越强、知识越全面，对商业银行的负面影响就会越大。

表4.4 商业银行理财经理胜任力模型

项目	要素	描述
外在表现（显在素质）	教育背景	按学历分为中专、大专、本科、硕士及以上；按学校类别分为普通大学、重点大学、211 工程大学以及海外学校；按专业分为金融学、管理学、经济学等
	工作经验	指从事理财经理岗位工作必须具备的在专业工作实践中积累的知识和能力，包括岗位经验、行业经验等
	工作年限	指候选人从事某岗位的工作时间长度，一般以三年为分界点
	社会资源	指从事理财经理岗位的员工是否具备雄厚的社会客户资源，包括客户资源、公共资源、政府资源等
	基本知识	基本知识包括银行知识和专业知识，其中银行知识包括行业知识、产品知识、企业文化（发展历史、理念价值观等）、组织结构、基本规章制度和流程等；专业知识包括营销知识、投资理财知识、外语知识、税务知识、会计知识、法律知识等
	基本技能	包括计划、沟通、创新、理解、学习、组织、决策、营销等
	资格证书	AFP、CFP、证券从业资格、银行从业资格、保险从业资格等投资理财从业资格证书以及实践工作中获得的各类投资理财竞赛证书等

续·表4.4 商业银行理财经理胜任力模型

项目	要素	描 述
内在表现（潜在素质）	工作动机	成就需求、人际交往需求、金钱需求、自我发展需求等是否符合理财经理岗位要求
	职业规划	通过候选人对未来的职业生涯规划衡量是否适合理财经理岗位工作要求，未来的角色定位包括管理者、营销人员、操作人员等
	品质特征	责任感、工作态度、正直、诚实、责任心、进取心、忠诚度、廉洁、公正、执行力、认同感等
	自我认知	自信心、乐观精神、抗压能力、应变能力等
	社会价值观	服务意识、团队精神、奉献精神、客户满意等

资料来源：蒋振流.基于胜任力模型的商业银行理财经理队伍建设策略研究.国际金融，2013(2):27−31

练一练

可迁移技能评估：SCANS技能列表

SCANS是美国“获得必要技能委员会”（Secretary's Commission on Achieving Necessary Skills）的首字母缩写。1991年美国劳工部通过对雇员和雇主的问卷调查，发表了SCANS报告，目的是综述那些构成具体工作基础的能力和技巧。SCANS中指出的核心能力、品质和技巧都被认为是人们要在21世纪劳动力市场获得竞争力的必要技能。

请列举8项志愿活动、工作或家庭活动：

1. ______________________________；
2. ______________________________；
3. ______________________________；
4. ______________________________；
5. ______________________________；
6. ______________________________；
7. ______________________________；
8. ______________________________。

将上面列举的8项活动中所需要使用到的技能在SCANS技能列表中标出，完成后，你会意识到在生活的不同方面你所用到的所有技能。

表4.5 SCANS技能列表

SCANS中的基础	1	2	3	4	5	6	7	8
基础技能								
阅读								
写作								
算术								
听								
说								
思维技能								
创造新思维								
决策制定								
问题解决								
想象								
知道怎样学习								
推理								
个人特质								
责任感								
自尊心								
社交								
自我管理								
诚实度								
资源								
时间								
金钱								
物质和设施								
人力资源								
人际								
作为团队成员的参与								
将技能传授给他人								

续·表4.5 SCANS技能列表

SCANS中的基础	1	2	3	4	5	6	7	8
服务客户								
领导练习								
谈判								
与不同的人工作								
信息								
获得并评价信息								
组织和维持信息								
解释和交流信息								
使用计算机加工信息								
系统								
了解系统								
见识和纠正工作表现								
提高和设计系统								
技术								
选择技术								
将技术运用到工作中								
维护和检修设备								

资料来源：*School to Career Handbook*
(VATEA-funded project through the California Community Colleges, Chancellor's office)

财经与政法类专业能力素质要求

财经与政法类职业的胜任力冰山模型

1. 人才选拔的冰山模型

美国著名心理学家麦克利兰在提出胜任力理论的同时，提出著名的素质冰山模型。所谓“冰山模型”，就是将人员个体素质的不同表现形式划分为表面的“冰山以上部分”和深藏的“冰山以下部分”。其中，“冰山以上部分”包括基本知识、基本技能，是外在表现，是容易了解与测量的部分，相对而言也比较容易通过培训来改变和发展。而“冰山以下部分”包括兴趣、性格、价值观等，是人内在的、难以测量的部分。它们不太容易通过外界的影响而得到改变，却对人员的行为与表现起着关键性的作用。

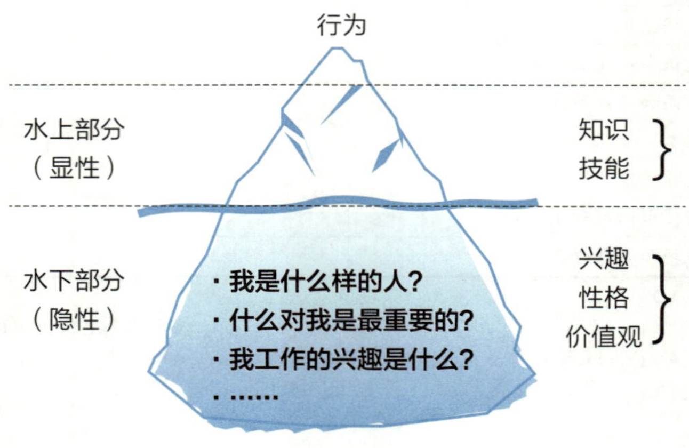

图4.1 麦克利兰“冰山模型”

2. 财经人才的胜任力冰山模型

上海财经大学学生就业指导中心通过调查1 000多名在金融、专业服务、房地产、制造业和政府部门工作的人士，发现财经人才的核心胜任力分为九大种类31项具体能力。九大核心胜任力种类分别是：

（1）职业素质：作为一名职业人的基本素质，包括学习习惯、职业态度和在团队中的表现等。

（2）营销能力：不只是“推销”产品或者服务，还包括让别人更愉快地接受自己的观点等。

（3）思维能力：严谨、理性而又有活力的思维方式，包括逻辑、推理和创新等。

（4）职业道德：诚信、敬业、责任感和职业操守等。

（5）组织领导：运用组织、管理、教导、决策等能力带领团队完成任务等。

（6）理论知识：与经济、法律、财务、金融等业务相关的普遍的财经专业知识和技能。

（7）办公操作：熟练的电脑办公软件操作。

（8）外语能力：英语或者其他外语的听说读写。

（9）人际沟通：通过口头或者书面方式与人沟通，达成良好的人际关系等。

在九大能力素质中，冰山上面的部分为营销能力、办公操作、外语能力和经管理论知识，经过计算，其重要性程度约为0.23。冰山以下部分为人际沟通、组织领导、职业道德、思维能力和职业素质，重要性合计约为0.77。其中最重要的胜任力因素是职业素质。

能力素质	权重系数
营销能力	0.04
办公操作	0.05
外语能力	0.07
理论知识	0.07
人际沟通	0.06
组织领导	0.09
职业道德	0.09
思维能力	0.13
职业素质	0.40

图4.2 财经人才胜任力“冰山模型”

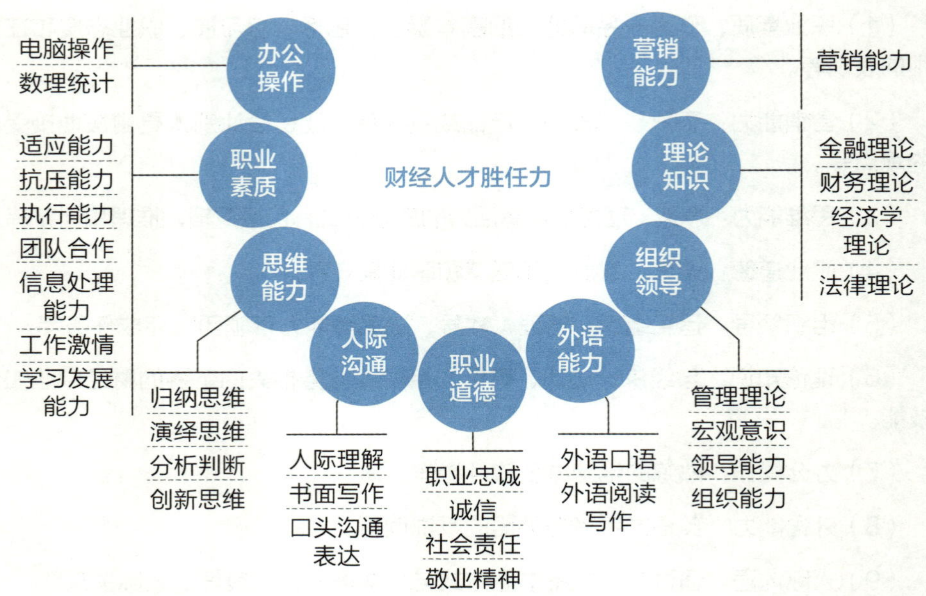

图4.3 财经人才胜任力因素

财经与政法类职业的任职资格

1. 任职资格

任职资格是指用人单位就某个具体职位对应聘者提出的基本要求，包括知识、技能、能力特质和某些特定的要素。任职资格通常从某些具体的“条件”进行判断，例如我们在招聘启事上常见的“大学本科学历”“2年以上工作经验”“拥有相关职业证书优先”等。任职资格体系由K、S、A、O四个部分构成：

- K（Knowledge）：是指执行某项工作任务需要的专业知识。
- S（Skill）：是指在工作中运用某种工具或操作某种设备以及完成某项具体工作任务的熟练程度，包括实际的工作技巧和经验。
- A（Ability）：是指个人内在的基本能力，如空间感、反应速度、耐久力、逻辑思维能力、学习能力、观察能力、解决问题的能力、基本的表达能力等内容。
- O（Others）：是指有效完成某一工作需要的其他个性特质（Attribute），它包括工作态度、人格特质以及其他特殊要求。

2. 通用任职资格分析方法

同学们经常会有这样的疑问：我想从事某某工作，但是不清楚该职位的能力要求是什么，因此不知道该怎么去准备。我们可以通过以下方法进行任职资格分析。

图4.4 职业能力素质需求结构

（1）基础素质：它是从事任何工作都必须具备的，也是所有用人单位招聘时的基本要求，主要包括对职位的兴趣、敬业、勤奋、进取心、沟通能力、学习能力、团队合作和职业道德。

（2）岗位特质：是指从事该职位的人必备的人格和思维特点。根据工作对象不同，分为“以人为主”（people）、“以资料和数据为主”（data）、“以工具和设备为主”（tools或facilities）及“以思想和创意为主”（ideas）四类。（我们在第3章讲职业分类的时候介绍过这部分内容。）

● 以人为主要对象的工作：重视外向、热情、应变和亲和力等“性格”因素，例如销售类、客服类、服务类等；

● 以资料、数据为对象的工作：更注重思维方面的特质，例如严谨、逻辑、条理、理解能力等；

● 以工具、设备为对象的工作：重视行为习惯、纪律性、服从性等。

● 以思想、创意为对象的工作：重视创造力、想象力、审美能力等思维特质。

（3）专业基础：指某些相关学科的基本理论、原则、概念和方法，它或许对解决现实工作中的问题没有太大帮助，却是学习如何解决现实问题的基础。用人单位在招聘时通常会以“学历”和“专业”进行筛选。

（4）专业技能：指运用具体的工具和方法解决工作中的实际问题的能力。专业技能通常需要经过长时间的训练才能熟练掌握。如果招聘单位对此有要求，一般会明确提出（比如有驾照、能熟练操作某某设备、精通某项技术等）。

“轻专业、重素质”越来越成为用人单位招聘财经管理类毕业生的特点。很多用人单位在招聘应届生时“岗位待定”，进入单位后经过一段时间的轮岗和培训再根据毕业生表现出来的兴趣和能力特长分配具体岗位，因此，招聘时对毕业生所学专业要求相对宽松。

练一练

找二十条自己感兴趣的职业的校园招聘信息，把招聘要求按照以上四类进行归纳。

3. 不同类型雇主的选才标准

用人单位在不同发展阶段其雇主的"选才标准"各有特点。创业期的公司，规模小，市场竞争压力大，因此会以公司当前的人员需求为导向，对员工的操作能力和执行能力要求高，更青睐"上手快"的毕业生。发展到一定程度，在市场上某些领域具有领先优势的公司招聘时主要考虑公司未来发展的人力资源需求。他们注重人才培养，希望新的员工是心智成熟的、有担当的、有创新意识和思维、能为企业带来长久效益的人，而不是一线操作员，因此会从价值观、企业文化、公司对员工的激励约束等方面长远考虑，更重视员工的可培养性及发展潜力。

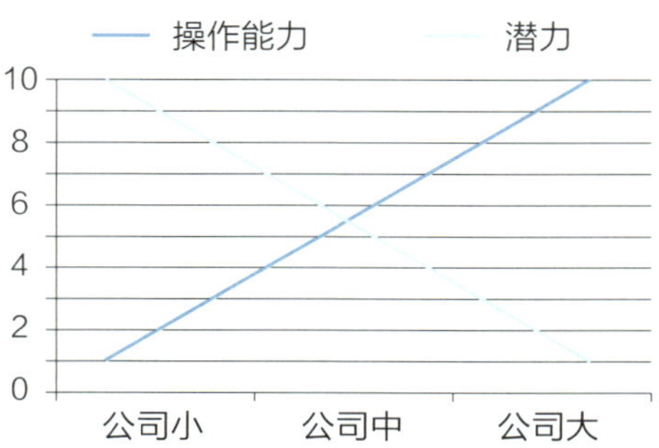

图4.5 不同级别企业对素质能力的要求

从雇主对素质能力的要求可以看出，他们更看重的是基础的素质和能力。这就提醒我们，在校学习和培养的重点应该是基本的职业素养、可迁移性技能和自我管理能力等，如果花费太多时间在"职业技能"上（如考证），反而是缘木求鱼。

拓展阅读

职场核心"软实力"——人际沟通

社会心理学家Elliot Aronson在他的著作中指出"人是社会性动物"（Elliot Aronson, Timothy D. Wilson, Robin M. Akert, 2014），每个人从出生开始就需要与他人联系、交往、互相影响等，而人际沟通是其中不可或缺的一项基本技能，也是大多数职业都需要的一项基本的职业能力。人际沟通能力是指个体与其他人进行有效的信息交换的能力，包括倾听、理解和表达等。受人欢迎的沟通习惯包括眼神交流，保持恰如其分的微笑，避免生僻语、行业术语，暂停、让对方消化，围绕主题、不偏题，保持端坐/站立，身体前倾，言语清晰有力，运用肢体语言强调，根据听众的反应调整表达内容。

能力的培养

大学期间的能力培养计划

大学期间需要警惕的三种状态

进入大学以前，家长和老师督促我们好好学习时总会说“到了大学以后……”，到了大学以后就可以天天看动漫，到了大学以后就可以尽情玩游戏，到了大学以后就可以无拘无束谈恋爱……总之，似乎到了大学就可以尽情享乐，就像童话里的公主和王子，从此过上幸福快乐的生活。

这种想法可能会让一部分同学到了大学之后就松懈下来，然而，大学非但不是埋头苦读日子的终结，它就像一个兵营，而是自我训练的开始。让大学为将来的职业发展奠定坚实基础，将来有更好的发展空间，我们需要警惕大学里三种“退步”的状态。

1. 一年级适应期

兴高采烈地进入大学，殊不知，一部分人进入大学之前，学习和生活均由家长和老师全程安排，他们天天念着紧箍咒，进入大学以后，外在的约束突然消失，一部分同学会不适应大学“自主”和“自由”的学习模式。有的同学进入大学以后，开始逃课、玩游戏、无所事事，一旦坏习惯养成，要重新回到正轨就相对困难了。四年以后会有人因成绩太差、没有修满学分、考试作弊或者必考的证书没有通过等而未能拿到学位证，以失败者的姿态离开。

如果你是被调剂到自己不喜欢的专业，请记住，只要你努力学习，还会有一次转专业的机会（请仔细阅读学校的转专业制度），即使转专业不成功，专业学习也只是大学生涯的一小部分，更重要的学习在课堂外。

如果你不喜欢上课老师的授课方式，请记住，大学还有图书馆，还有开放式课程等，在大学里，自由学习是比上课更重要的学习方式。

如果你不知道业余生活该怎么过，不要待在寝室里，带着一颗好奇心去参加各种活动，与有经验的学长学姐联系，主动投入各种感兴趣的社会实践中。

如果你还是心里闷得慌，对大学失望，请记住，学校的就业中心是能够给你答案的地方，预约做个职业咨询，能给你带来意想不到的收获。

2. 迷茫

迷茫是刚进入大学时的普遍状态。好比原来是在河道里航行，进入大学就像到了茫茫大海，一时间找不到方向。为什么要上那么多毫不相干的课程？读大学究竟为了什么？媒体总是报道大学毕业生就业形势严峻，自己以后会有好的出路吗？自己读的这个专业将来能干什么？总之，就是不知道未来在哪里，该怎样往前走。

有的迷茫是焦虑，有的同学有自己的目标，却不知道现实中该怎么努力。这是因为从前的目标往往是远大但笼统的，它没有与具体的职业联系在一起。这时候可以读一些你的目标领域内知名人物的传记，看看他们大学里都干了些什么，怎样一步一步走到事业的巅峰。

有的迷茫是无方向，如果你对前途一无所知，比较好的解决办法是去问问你的辅导员或者去问学校就业中心的老师，学长学姐都去哪工作了。也可以认真学习本书的方法，通过测评和各种练习澄清自己的兴趣、价值观、能力和认识职业世界。每个人对未来的职业都有从无知到清晰的过程，只是努力的人所用的时间更短。答案不会未经努力就自动出现。

有的迷茫是太闲，如果你没有目标和方向，就不会有自我发展的计划，课余时间不知道怎么安排，只好胡思乱想。这时候就需要找点事情来做做，不妨协助师兄师姐做项目，或者自己开办一个微信公众号写文章发状态，做任何自己感兴趣的事情，只有行动起来，才有动力去明确目标、完善自己。

有的迷茫是失望，想象中的大学一百分，现实中的大学不及格。大学不是食堂，所有的食物都摆在你面前，大学是一个把各种珠宝埋起来的宝藏，价值需要自己去寻找发现，大学的价值藏在图书馆、各种实践机会、有学识的教授甚至或许会发生的爱情里。

3. 能力停滞

进入大学前，我们提升的是学习和考试能力，对未来职业所需要的能力鲜有训练。如果还是抱着以前的理念，把“成绩”作为唯一的目标，大学期间你的能力并不会有很大改变，将来怎么适应职业的竞争？如果大学毕业时自己的能力结构和能力水平与进入大学前没有质的飞越，即使拿到了学位证也是失败者。

上一节所讲的职业的胜任力远比“成绩”重要，但你花了多少时间在这些方面训练。能力成长必定与投入训练的时间成正比，如果每周花了20个小时在专业学习上，至少要再花20个小时在其他能力的训练上。

拓展阅读

待就业大学生生存状态给我们的启示

华东师范大学研究生李源源用半年时间，选取2007届和2008届普通高校已经毕业离校的、至少3个月未与用人单位正式签约、无稳定工作岗位和收入来源的群体，在上海地区进行问卷调查和访谈，完成一份名为《告别徊徨：待业大学生群体生存状态研究——基于上海的实证调查》的调研报告。报告中的一项数据显示，在“大学生就业难，您认为谁的责任最大”中，52.5%的待业大学生选择了“个人”；在对就业难问题的看法上，59.3%的人认为“自身能力不足”是导致就业难的原因。

资料来源：李源源.告别徊徨：待业大学生群体生存状态研究——基于上海的实证调查，第十一届“挑战杯”作品

职业能力评估

1. 任职资格的评估

根据你目前的计划和安排，在大学毕业时预期可以拥有哪些任职资格?

（1）学历：____

____；

（2）专业：____

____；

（3）外语等级：____

____；

（4）资格证书：____

____；

（5）应用技能：____

____。

2. 知识技能评估

对以下经历进行分析，尽可能全面地列出你所掌握的知识技能，再从中分别挑选出你自己感觉比较精通的和你在以后工作中希望应用的知识技能，最后排列出对你来说最重要的五项知识技能：

（1）在学校课程中学到的：如经济学知识等；

（2）在工作（包括兼职和暑期工作）中学到的：如复印、整理档案等；

（3）从课外培训、辅导班、研讨班学到的：如CPA等；

（4）从专业会议中学到的：如会议组织、接待方式等；

（5）从志愿者工作中学到的：如讲解、礼仪、困境中的解决方案等；

（6）从爱好、娱乐休闲、社团活动、家庭职责中学到的：如摄影等；

（7）通过阅读、看电视、上网、请家教等方式学到的：如PPT制作等；

（8）请家人和同学帮助你回忆你在校内外都学习过一些什么专业知识（不管程度如何）；

（9）与你的同学相比，除了你们共同的专业以外，你有什么独特的知识技能？

最后排列出对你来说最重要的五项知识技能：

第一项知识技能：____

____；

第二项知识技能：____

____；

第三项知识技能：____

____；

第四项知识技能：____

____；

第五项知识技能：____

____。

在盘点了自己现有的知识技能以后，把你的思绪转向未来，想想有哪些知识技能你目前还不具备，但希望自己拥有的，可以通过什么样的途径来获得这些知识。

我尚不具备但希望拥有的知识技能：________________________________

____。

3. 自我管理技能评估

（1）我愿意与这样的人共事

①请列出你愿意与之共事的人的特质，并在小组中进行讨论，看看大家最重视的特质都有哪些?

②请思考：我是这样的人吗？符合大家所描述的理想同事吗？我的个性特征会怎样影响到我的生涯发展?

（2）他人眼中的我

①通过他人对自己的反馈来了解自己是一个很好的方式。向你身边的亲朋好友询问一下：如果让他们用3~5个词来形容你，他们会说什么？你可以通过面谈、电话、短信或电子邮件等多种方式来完成这个练习。请至少询问10个以上的人。

②得到他人的反馈以后，看一看他们对你的描述中，有哪些是你知道的，有哪些是你以前没有想到过的。他们所说的符合你对自己的评价吗？哪些方面是你的长处？哪些地方你需要改进?

③通过这个练习，你对自己有什么新的认识?

（3）通过以上的分析，你现在拥有的最重要的五项自我管理技能是什么?

第一项自我管理技能：____

____；

第二项自我管理技能：____

____；

第三项自我管理技能：____

____；

第四项自我管理技能：____

____；

第五项自我管理技能：______________________________

______________________________。

4. 可迁移性技能（根据上一节的练习，完成以下内容）

你现在拥有的五项可迁移性技能（动词）：

第一项可迁移性技能：______________________________

______________________________；

第二项可迁移性技能：______________________________

______________________________；

第三项可迁移性技能：______________________________

______________________________；

第四项可迁移性技能：______________________________

______________________________；

第五项可迁移性技能：______________________________

______________________________。

总结：你认为自己需要提高的任职资格、知识技能、自我管理技能和可迁移性技能有哪些？

____

____

____

____

____

5. 能力测距

当我们对自己目前的知识和能力水平已经有了一定的了解，接下来需要通过雷达图测算自己与目标职业要求之间的距离。雷达图是用来表示已取得的工作业绩与目标业绩之间的差距，因其图形酷似雷达而得名。

能力雷达图的画法：

（1）通过职业探索，归纳目标职业的任职资格和能力素质要求，设定各项要求的程度分数（最高项为10分）。画出与能力的维度数量一致的等边多边形，例如有五种能力，就画五边形。

（2）以中心为起点，连接多边形的各个角，每条连线以中心为“0”，以角的顶点为“10”画刻度线。

（3）评估自己目前所拥有的资格和能力水平，计算它们的分数。（自己感觉非常满意的为10分，非常不满意的为0分。）

（4）在刻度上标出每一种能力的得分，然后连成多边形，得到的就是能力图谱。

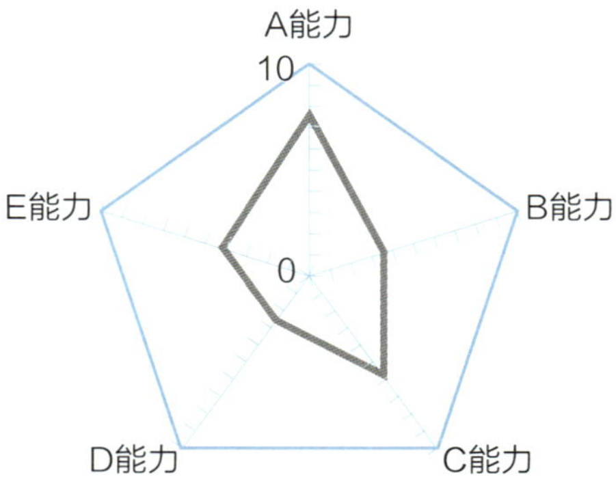

图4.6 能力雷达图举例

大学期间的能力发展活动

传统的观点认为，大学生的主要任务依然是读书，而一部分“社会学家”则主张大学生应该把主要精力放在社会经验的积累上，训练职业技能，尽早与社会接轨。综合来说，大学期间学习依然是重点，但学习的重点不是完成学习任务，其本质是综合能力的全面提升。

学习

1. 成绩

虽然大学不像中学那样关注成绩，但是将来毕业求职时，优秀的单位会把成绩作为申请资格的内容，如果有意向出国的话，成绩更是非常重要的指标。大学的学习成绩不是用分数，而是用拿到的奖学金等级来衡量的。

2. 专业学习

很多人抨击大学讲授的内容与社会发展脱节，但与社会接轨对大学专业课程而言是非分的要求，因为优秀的大学在专业教学方面，训练的不是专业技能，而是专业思维。因此，别用“与社会脱节”为挡箭牌，而要主动进行艰深的学科理论训练。

3. 第二专业和辅修

第二专业和辅修是弥补当前大学录取中不能自由选择专业的有效方法。不用计较第二专业或辅修的学位是否有含金量，而是通过这种方法修读自己感兴趣的专业。进入大学后，务必认真了解学校在转专业、选修第二专业和辅修方面的相关制度。

4. 境外交流

这是培养国际化视野、独立能力、社交能力和锻炼外语的极佳方式。在家庭经济条件允许的前提下，应积极主动把握国际交流的机会，即使家庭经济条件不支持，也可以争取公费交流机会或者参与国际项目的中方部分（例如和国际学生做室友，教国际学生汉语，协助国际学生适应中国等）。

5. 开放学习

利用网络资源进行自学是很重要的能力，“公开课”已经是全球优秀大学的重要发展项目，通过互联网可以学习全世界一流大学的核心课程。如果你想学，在网络上搜索一下，很方便就能找到相应的课程，而且现在“公开课”已经不局限于大学课程，很多优秀的实践领域的专家也会在网络上开设课程。

6. 外语

因为当前的商务活动已经全球化，熟练掌握一门外语（主要是英语）是优秀大学生的必备能力。首先，每个学生都应该把以优秀的成绩通过CET6作为最起码的要求。其次，训练良好的外语听、说、读、写的应用能力。再次，如果有出国的计划，要把考托福、雅思等尽早放进自己的日程。

7. 考证

当下，“考证”俨然成为了大学生的热门活动。那些组织证书考试的人总会说自己的证书很重要。事实上，财经与政法领域只有三个证值得一考，它们是CPA（注册会计师）、国家司法考试和CFA（注册金融分析师）。CPA和国家司法考试分别是审计和法律相关职业的“上岗证”，CFA对非金融专业的同学系统地学习金融知识非常有帮助（初级和中级证书本身谈不上“含金量”，高级的很少人去考）。

过来人

大学期间拥有哪些证书或考过哪些考试？它们在职业发展中发挥了什么作用？

宋学姐

英语专业四级证书、高级口译证书。对英语能力有所提升，在面试时能帮助你更好地进行英语交流。

沈学姐

司法考试，本专业相关行业的“敲门砖”，有了不加分，没有绝对减分。证券从业资格，史上最水的考试。CPA，心中永远的痛，财会类的通行证，从事财会相关工作绝对秒杀！

程学长

CPA、CFA和英语证书。还是要看自己准备从事什么行业，再去选择要不要考CPA，如果仅仅是为了考证而考证，有点浪费时间和精力。

比赛

俗话说，是骡子是马拉出来遛遛。竞赛、学生活动和实习是大学期间能力培养最主要的三种途径。大学期间的竞赛大多数以团队形式参加，竞争激烈，因此在提升专业能力、团队合作和抗压能力方面尤其具有优势，下面就为大家介绍财经与政法类专业大学生可以参加的主要竞赛。

● 挑战杯：全称是“挑战杯”全国大学生系列科技学术竞赛，包括“挑战杯”全国大学生课外学术科技作品竞赛（大挑）和“挑战杯”中国大学生创业计划竞赛（小挑），两个主题隔年轮换。“挑战杯”是我国大学生中参与人数最多、最有影响力和规格最高的学术性比赛。各大高校非常重视，有的高校对成绩优异的参赛学生甚至给予直升研究生的资格。

● 大学生英语：全国大学生英语竞赛（简称NECCS）是由教育部高等学校大学外语教学指导委员会和高等学校大学外语教学研究会联合主办的全国性比赛，每年举办一次，是我国大学生参加的最主要的外语类比赛。

● 数学建模：分为“全国大学生数学建模竞赛”和“美国大学生数学建模竞赛”。两大比赛每年都会举办。“数学建模竞赛”是高校规模最大的课外科技活动之一，很多学校都安排专门的老师对参赛学生进行辅导培训。

● 商业挑战赛：商业挑战赛一般由某著名企业主办，邀请目标高校同学参加。历史比较悠久，影响力较大的有德勤税务精英挑战赛、欧莱雅商业策划大赛、宝洁精英挑战赛、联合利华精英挑战赛、强生商业挑战赛、毕马威24小时商业大赛和苏宁校园营销大赛等。这些比赛每年都会举行，商业挑战赛的竞赛规则和内容与实际商业环境比较接近，对于提升商科学生的综合能力非常有帮助。

● 创行世界杯创新公益大赛：由国际组织“创行”（ENACTUS）主办的全球性公益项目创业大赛，近年来发展迅速，目前中国每年有两百多所高校组队参赛。该旨在通过公益性创业项目竞赛的方式推动社会进步，让全球数十个国家的代表队有机会向企业领袖展示他们的项目，为未来的社会精英提供多元的跨界交流平台。

实践

读万卷书行万里路，“第二课堂”是大学最重要的课堂。一项针对在职人士的调查显示，在大学期间对能力成长有帮助的各种方式排名，排名靠前的分别是实习、图书馆看书、国际交流、学生活动、志愿者和公益活动、社会调查实践。

1. 学生会和社团

学生会和社团是参与学生活动实践传统的途径，学生会偏向校园事务，社团偏向个人兴趣。学生会和社团经常被人诟病官僚、空洞、低效等。大一刚入学，很多人都会报很多学生工作部门和社团，但一年后坚持下来的很少。参与学生活动不在多而在于精，积极参与，有所作为。

2. 志愿者

作为一名大学生，我们已经有能力去帮助他人，为社会进步贡献微薄的力量，志愿者和公益活动既能锻炼能力，又能帮助他人。志愿者和公益活动可以分为活动型的、项目型的和长期型的。活动型是指各种学术会议和大型文体活动招募临时的志愿者工作人员。项目型是指共青团中央、教育部等官方推出的支教、支农等固定项目公益活动。长期型是一些社会公益机构招募的长期志愿者工作人员。有意参加志愿者和公益活动的同学可以关注学校的团委、学生会的公告以及一些活跃的社会公益组织的官方网站。

3. 社会调查

寒暑假期间，学校和院系通常会组织同学进行社会调查。社会调查需要深入基层，与各界人士打交道，因此这又是锻炼分析能力、沟通能力、团队合作能力等的大好机会。

实习

1. 职业探索实习

最初的实习目的是了解职场和职业。关于实习，很多人吐槽说它“专业不对口”“只是打杂的”“完全学不到东西”“没有技术含量”“廉价劳动力”等，职业探索阶段的实习，真正的意义并不在于“长知识”，而是了解更多的行业与职业，积累社会资源等。属于职业探索范畴里的实习，走出第一步才是它的最大意义，可以多尝试几个不同的行业和岗位。

2. 职业准备实习

进入高年级以后，实习需要更有针对性，通俗来说，要通过“刷实习”来提高求职的竞争力。首先，与求职目标相关的实习可以加深对行业和岗位的认识，并积累一定的对口经验。其次，看起来不错的实习经历能提升简历的“含金量”，获得面试机会。再次，不少公司通过招聘实习生的方式提前“预订”未来的毕业生，表现出色的实习生可以转正为正式员工。

05

进入职场，你**准备好**了吗

求职准备
求职技巧
就业政策

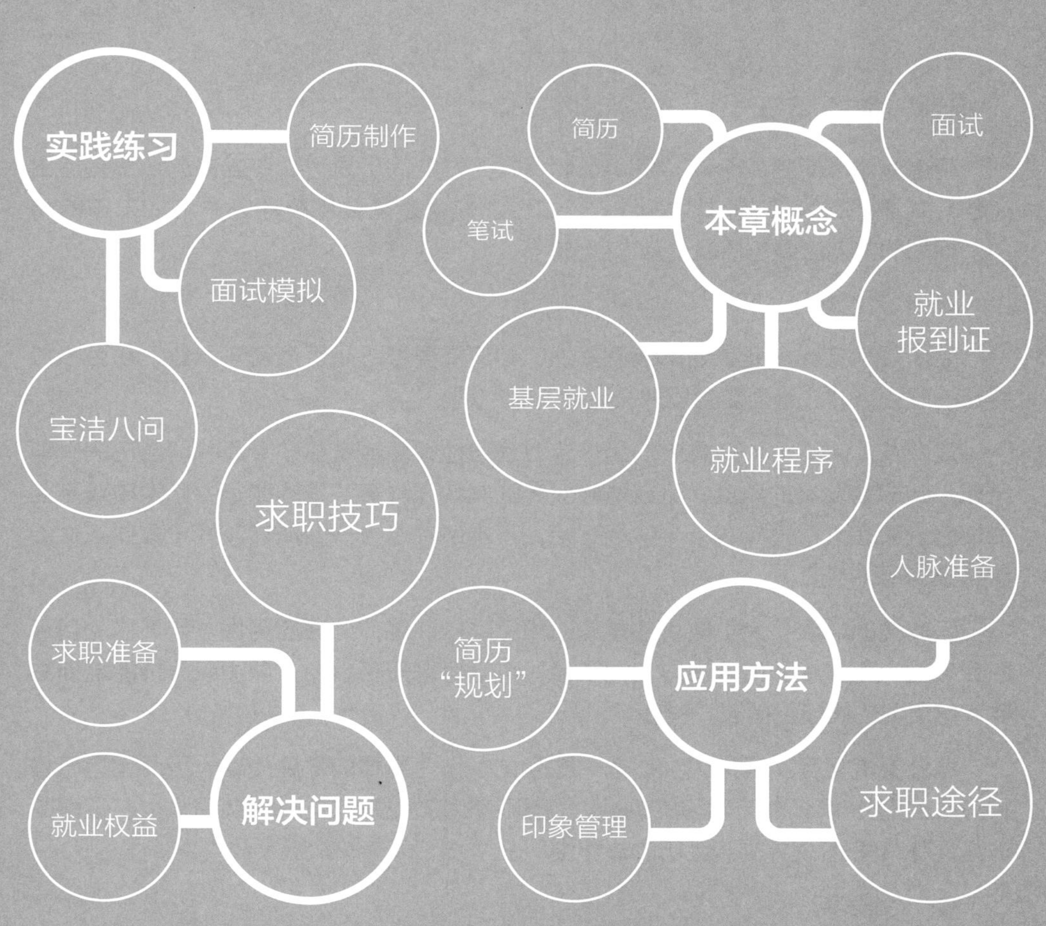
实践练习
简历制作
面试模拟
宝洁八问
简历
面试
笔试
本章概念
就业
报到证
基层就业
就业程序
求职技巧
人脉准备
求职准备
简历
“规划”
应用方法
就业权益
解决问题
印象管理
求职途径

求职准备

求职准备

“规划”你的简历

简历就像求职者的个人“使用说明书”，好的简历是“做”出来的，不是写出来的。如果不想将来的求职简历空空如也，你就必须要用行动来“刷”未来的简历。规划的内容主要包括以下几个部分：

- 教育经历

除了顺利完成学业拿到学位证书外，你还需要考虑是否修读双专业、是否参加特定的职业培训、是否要到境外交流学习等问题。

双专业（辅修）：如果你的第一专业理论性很强或者第一专业并非自己的兴趣所在，从职业发展的角度，可以选修双专业来增强教育背景的竞争力。学校双专业的报名一般在大学一年级下半学期开始，基本条件是大一的成绩较好（具体条件参看学校的相关制度）。

职业技能培训：大学教育注重理论和思维的训练，欠缺应用性。如果你的目标职业领域有比较权威的证书或培训项目，可以考虑报名参加。参加职业技能培训主要考虑培训的质量，而非“考证”。

境外交流学习：现代大学都把“国际化”作为重要的发展战略，因此创造了各种形式的国外/境外交流学习的机会。跨国企业和高端职位的HR(负责人）在招聘中非常青睐有国外/境外交流经历的毕业生。

- 实践实习

社会实践和实习是应届毕业生简历上的重头戏，主要包括社团活动、学生干部经历、志愿者活动、社会调查、各类学科竞赛、兼职和实习等。具体的项目和参与办法可见“能力培养”一章的内容。

实践和实习贵在坚持，要在组织中担任一定职位，只有在比赛中获得名次或者有较长时间累积才能增加简历的“含金量”。

- 能力与技能

你希望透过简历这份“人才使用说明书”给雇主留下什么印象？雇主通常会通过

客观事实来判断应聘者的能力和技能。如果你想告诉别人你的学习能力强，则需要努力争取奖学金；如果想告诉别人你拥有良好的组织领导和沟通协调等社会技能，则需要有丰富的社会实践和学生活动经历；如果想告诉别人你对某一职业领域有较深的认识，你最好有在该领域的多个单位的实习经历等。

以上种种就是你的简历，将来能够打动雇主的“亮点”，大部分都需要时间来打造。因此，你要在进入大学之后就开始为将来的就业做准备，而不是等到毕业以后。

技能GET

找实习的途径

途径一：关注你感兴趣的公司，定期浏览它们的官方网站和公众号。可以列举几十家你想去实习的单位，每隔一两个月去它们的官网和微信公众号等看看。

途径二：找亲戚朋友帮忙，尤其是低年级的时候，大部分同学的实习都是通过亲戚朋友帮忙找的。

途径三：参加各大公司的校园学生俱乐部（或者类似组织），这些公司会优先将实习信息通知你或者会优先录取你。

途径四：浏览各个学校的就业中心网站，它们是实习信息最集中的地方。

途径五：各个名校的BBS求职版也经常会发布一些实习信息（通常是师兄师姐发布的）。

途径六：在校期间要与师兄师姐建立广泛联系，他们在你找实习和求职过程中能帮上大忙。

过来人

如何在实习中收获更多

学长实习经历：从大二下学期开始找实习，第一份实习是一家小咨询公司的research assistance，大三上学期是花旗的风险控制，之后参加过德勤和AT科尔尼的战略咨询项目、德勤的税务部以及霍尼韦尔的supply chain的finance。

小编：有人能从实习中学到很多东西，但是有人却觉得实习琐碎无趣，你做了这么多份实习，有什么能给大家分享的吗？

学长：第一，要有主观能动性，做得比要求的更高。我一般会在做完一份实习后做一个实习手册、指南，留给以后的实习生。第二，学会从琐碎的东西里学到更多、了解更多。比如，在帮德勤税务部整理名片时，你的归类方式就可以体现你对业务的思考。你也可以从不同的客户职务角色中看出公司最近的业务。第三，要跟不同的人学习，一定要多观察，不懂就问。第四，要跟完整的项目，可以从行业层面学习专业知识以及方法性的东西，如调研方法、调研模型等。

小编：这些实习，能带给你哪些与众不同的东西？

学长：一是职业观，我认为不论是做咨询、市场还是财务，都会接触到数据、人，差别不会很大。我更看重行业的选择、公司的氛围，制造业与我的气场更相合。二是待人处事更加成熟与自信，面对新任务更加淡定。

人脉准备

以前“第一财经”电视频道有一档节目叫“谁来一起午餐”，每期有两个选手，胜出者可以获得与成功企业家共进午餐的机会。有一期节目的挑战者陈述了自己早年的坎坷经历，并说“我发誓今生再也不向别人借钱”。节目邀请的著名企业家对挑战者说：“如果你不借钱就永远都是小商人，如果你能借很多钱你就能做大企业，如果能把银行的钱都借到你家，你就能做到像李嘉诚一样成功。”做生意需要“借”，找工作一样要“借”。找工作要借的最重要的东西并不是钱，而是他人的力量。求职要两条腿走路，一条腿是自己，另一条腿是他人。

应该广泛地了解现代社会的人际网络，它和传统的“关系”有所不同。理论上有“强关系”和“弱关系”两种分类。强关系是指个人的社会网络具有同质性（认识的人，掌握的信息相近），并且相互之间的关系紧密，例如同事、亲属等。弱关系指社会网络异质性强（认识的人、掌握的信息不同），人与人之间关系不紧密，感情较淡薄，例如，你在某次旅游认识的朋友之类。

求职中需要组织的人脉并非狭隘的“关系”，它应该包括三类人：后援团、战友和导师。

第一种是你的后援团。求职时需要处理好与父母、亲戚、家人和恋人的关系，他们既可能是重要的支持力量，也可能会形成难以估量的阻力。因为他们是你最重要的人，所以他们对你的影响更值得重视。好的方面，他们是你重要的情感依靠和社会资源，但有时候他们会左右你的决定，甚至直接安排好你的出路。

第二种是和你一样处在求职中的人。如果你和一些人合作求职，就能够大大提高效率。首先你们之间会有信息和资源的共享，就像两个相交的圆的并集。求职是一件很耗脑力、精力和时间的事，有些事大家一起做或者分工去做，完成后相互分享比一个人做划算得多。例如，大家组成一个咨询行业求职小组，甲同学去找分析案例、乙同学找近年来去咨询公司的面经、丙同学找咨询公司的资料、丁同学联络在咨询公司或者面试过咨询公司的学长学姐……这样岂不是比一个人干要有效、有趣很多?

第三种是能够给你指导的人。如果你熟读二十篇以上牛人的成功求职经历，一定会发现一个规律，他们都会感谢某些人，这些人在他们最迷惘、最痛苦或者最艰难的时候给了他们帮助和指导。求职时有没有高人指点，一位高人和一群高人指点，结果会相差很远。以下几种人可以在求职路上成为你的导师：有比较丰富的求职经历和成功求职的人、在某个行业工作过一段时间的人、直接或者间接了解行业或职业比较多的人、阅历丰富的人。总而言之，你需要找那些阅历丰富、见多识广之人。

拓展阅读

强关系和弱关系在求职中的不同作用

强关系和弱关系在求职中起的作用不尽相同。强关系起的是中介作用，它有强烈的促成双方“交易”的意愿。如果你不理解中介的角色，可以去房地产经纪处假装要租房子，他会很卖力地帮助房客和房东。在求职中，比方说你委托一个亲戚帮忙介绍工作，如果他答应了，他就会动用自己的有效资源来尽可能达成对你的承诺，他可能会请客送礼、可能会找自己有权力的朋友或者施压给部属等，这就是传统理解的“关系”。

弱关系起的是桥梁作用，促成信息的传递和交流。假设我们只是点头之交，你需要找工作，而我知道有适合的空缺，也许我会把这个空缺信息告诉你，至于你是不是能够获得该工作，对于我而言没有太大的动力和压力。

强关系是有限的，而弱关系是无限的，任何人都可以通过自己的努力去扩展，因此在求职中会更有价值。现代社会越来越开放，共享意识盛行，不管网络还是现实，都可以找到很多愿意帮助你的人。

数据

人脉对职业发展影响的调查

有调查发现，17.35%的人认为人脉对职业生涯最重要。至于那些已经成为超级大富翁的人们则认为，30岁以前靠专业赚钱，30岁以后靠人脉赚钱。因此，在哪些因素影响职业生涯的调查中发现，“个人能力”被公认为第一要素；其次是“机遇”，有30.77%的受访者认为“机遇”起决定性作用；人脉关系的因素被排在第三位。但是在我国，越是学历高的人越不是那么看重人脉。调查显示，不同学历的人对于“机遇”“人脉关系”“个人能力”的重视程度大相径庭。本科学历者对于三要素的关注度为：28.92%、17.46%、3.89%，博士学历者对于三要素的关注度为：18.42%、13.16%、63.16%。可见，博士学历的人并不认为“人脉很重要”，如此“机遇”和“人脉关系”的作用就被弱化。

资料来源：前程无忧“职场处处皆贵人”调查报告摘录

求职途径

校内求职途径

1. 校园就业网

校内的就业网是应届生求职的最重要途径。虽然社会求职网站的信息看起来更丰富，但成功率远远比不上校园就业网。在校园就业网上发布招聘信息的单位是基于对学校及学生的认可而进行招聘的，也避免了院校之间、学生和有工作经验的求职者之间的竞争。不同渠道的调查都显示超过50%的应届生通过校园求职途径实现就业。

2. 高校自行举办的小型招聘会

为提高本校毕业生就业率，很多高校每年都会集中邀请一些与学校建立长期合作关系的用人单位，开展与学生供需见面的招聘活动。这种招聘会基本上专门针对本校的毕业生，所招的职位要求与本校的专业方向相符或相近。因此，这种求职途径对本校毕业生来讲较受欢迎并具有吸引力。

3. 应届毕业生专场招聘会

同一区域的大学和政府人力资源主管部门也会举办专门针对应届毕业生的联合招聘会或者专场，这些招聘会的规模通常较大。有意向在异地求职的同学，更需要关注当地就业促进中心的官网。而法律、教师等特定领域的行业协会和主管部门也会举办专场招聘会。

社会求职途径

1. 社会求职网站

大多数人都会选择在一些大型的社会求职网站上获得雇主的招聘信息，例如，应届毕业生网、前程无忧网、中华英才网等。这些社会求职网站除了公开发布招聘信息外，有的还能提供招聘信息邮件订阅服务，会把你关注的招聘信息发送到个人电子邮箱。

2. 利用社会资源求职

大学生还可利用自己的社会关系网络收集就业信息，并进行求职选择。许多用人单位也愿意录用经人介绍或推荐而来的求职者。在求职过程中，如果关键时刻有关键人物帮自己引荐，当然效果就会更好。因此，建立自己的关系网络对择业是非常必要的。通过亲朋好友找工作最为可靠，成功率也较高。

3. 直接登门自荐

在没有其他关系介绍和推荐的情况下，大学生可以带着自荐材料，直接到一些选定的公司登门拜访，勇敢地把自己介绍给对方，赢得用人单位的赏识。直接登门自荐之前，首先要通过公司网站对该公司性质、特点进行了解，做到心中有数，要在拜访时表现出对该公司的熟知、了解和喜欢，给用人单位留下深刻的印象。在招聘信息很少和求职经常失败时，登门拜访是成功率比较高的求职方式。

求职技巧

简历

简历体现个人形象，包括资历与能力的书面表述，对于求职者而言，是必不可少的一种应用文，它向未来的雇主表明你拥有能够满足特定工作要求的技能、态度和资质。成功的简历就是一件营销武器，它向未来的雇主证明你能够解决他的问题或者满足他的特定需要，因此确保你能够得到理想的面试结果。

撰写个人简历并没有固定的模式，但它遵从一定的规范。

1. 个人简历的内容

一般包括个人基本资料、目标职位、教育背景、社会工作及课外活动、兴趣爱好等。从版面上说，简历中的闪光点，应该置于版面中最容易引起人注目的部位，从视觉效果看，简历页面应保持简洁清晰。一份优秀的个人简历主要的内容包括：

（1）个人基本信息：主要包括姓名、联系电话、电子邮箱等，根据应聘单位的要求选择性地写上籍贯、政治面貌等。

（2）教育背景：包括在大学期间的各层次的学习，依次写清楚，一般是列序排序，由高到低，即高学位、高学历先写，目的是突出你的最高学历。内容有毕业学校、专业、学历、主修课程和学业成绩等。

（3）目标职位：如果单位只招聘一个职位，简历上并不需要写“目标职位”；如果单位招聘多个职位，则一定要在简历上写明你应聘的目标职位。

（4）实践经历：这部分内容是整个简历的重点部分，一定要认真对待，大部分在校大学生都没有什么社会工作经历，但在学校所承担的社会工作假期的社会实践活动都要写上去，让用人单位看出你的组织能力、领导能力及团队协作精神等。

（5）奖励及成绩情况：包括“三好学生”、优秀团员、优秀学生干部及奖学金获奖等情况。可以说明是在多少竞争者中胜出，以突出表明获奖的难度和自己的成就。

（6）职业技能：包括外语、计算机水平。未来的用人单位正在寻求那些具有独特技能的人选，如果还有其他技能，如会驾驶等，也一并写上。

（7）兴趣爱好和个人评价：这部分是简历的点缀，并非必需内容。如果你的简历内容太少，可以通过它们来让简历看起来更丰满；如果简历内容已经很丰富，这些内容可不写。

2. 简历的要点与撰写技巧

（1）内容真实。简历最基本的要求就是要真实，不能侥幸地以为，为了获得面试机会，个人简历就可以弄虚作假，编造事实，抬高身价。要知道争取面试机会并非最终目的，最终目的是要获得工作。如果一时造假而被对方识破，既会丢掉工作机会，又会失去人格。即便当时蒙混过关，但当用人单位核实后，又极有可能被退回，没有一个用人单位能容忍一个缺乏诚实可信品质的求职者。

（2）简练。简历，顾名思义就是简单的经历。长篇累牍不等于有竞争力。企业招聘人员极少有耐心逐字逐句地去仔细阅读每一份求职材料，故而应在最短的时间里把自己“推销”出去。应届毕业生简历的标准配置是一封求职信、一页中文和一页英文简历，通常不需要封面和各种证书复印件等。

（3）有的放矢。对于不同的行业、不同的企业、不同的职位，求职者应当事先经过分析，有针对性地设计，事先备有几份侧重不同而真实的简历，在应聘某一单位时选择最合适的一份进行调整修改后再投寄。

（4）重点突出。要根据企业和职位的要求，巧妙地突出自己的优势，给人留下鲜明深刻的印象。优势部分应是整个简历的点睛之笔，也是最能表现个性的地方，应当深思熟虑，不落俗套。有说服力、有重点、有层次感的简历才能刺激招聘者，才能使你有脱颖而出的机会。例如，描述自己在工作中所取得的成绩和具体任务，而不是单纯地描述你的工作职责。要强调你做过什么、如何做的，突出你的专业知识技能、可迁移性技能和自我管理技能。

（5）文法正确。简历制作完成后要仔细检查语法和标点等，绝不能有语病。同时，为了增强表达的效果，用行为动词开始每一个句子，如“组织”“领导”“计划”“提出建议”等。用动词表现你所取得的成就，如“提高”“改进”“增加”等。使用积极简明的语言，但尽可能提供具体细节，以数字量化自己的成绩。

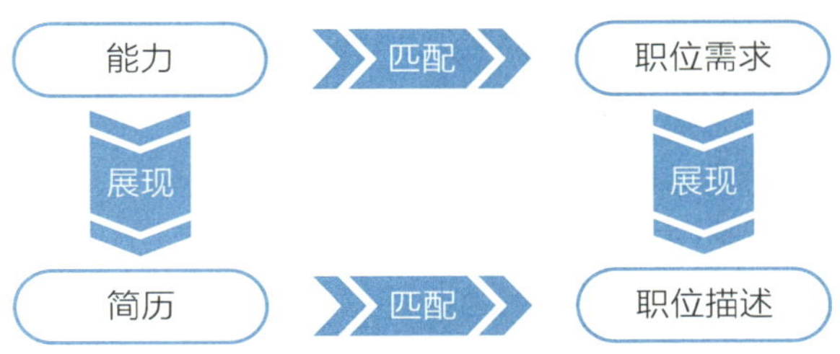

图5.1 简历制作的重要原则

数据

招聘人员的压力

某国有银行上海分行2014年客户岗位投递的应届生简历数量是10 000多份。该分行招聘人员的数量为5人，他们需要在两周时间内浏览所有的简历，并从中筛选出300人进入下一环节。每位招聘人员每天需要完成200份简历的浏览，并从中筛选出合适的数量进入下一环节。当然，招聘人员在完成这项工作的同时，还需承担其他的工作。可见，招聘人员在简历筛选过程中的压力。如果应届生的简历千篇一律、不具特色，就很难在这个阶段赢得招聘人员的关注和青睐。

技能GET

简历制作小技能

1. 明确简历投递的标准（行业、企业及职位等），了解职业的具体要求（职位要求等）。

2. 简历的内容应围绕职业的具体要求展开。每项要求最好有1~2条具体经历来说明印证。描述具体经历时，应从做了什么、怎么做的以及做得怎样等角度展开。

3. 简历排版注重一页原则，中文、英文简历各一页。重要内容应放置在一页简历的上半部分，从左至右分三栏撰写时间、经历、职务/等级等信息。

笔试

虽然笔试并不是所有用人单位招聘时都会设置的考核环节，但几乎所有“好单位”，如大中型的国有企业、跨国企业、公务员等，在招录应届生时都会有笔试环节。

招聘的公司五花八门，貌似也没有人制定笔试的标准，这让笔试听起来好像很神秘的样子。其实，应聘中的笔试也是有章可循的。

笔试一般包括三个方面的内容：一是专业知识层面的考核，主要考查基础的专业理论和知识，比如经济学原理、会计学、法律等。二是智力测试，主要测试逻辑推理、阅读理解、数理分析等。三是性格测试，主要是通过一些精心设计的心理测验试题或一些开放式的问题来考查求职者的个性特征。除此之外，有些时候还会涉及时事政治、生活常识、情景演绎等。

中资企业和公务员考试的笔试都是中文，外资企业的笔试大多是英文。

招聘中的笔试具有以下几个特点：

1. 绝大部分用人单位笔试都是单项选择题，少数用人单位会加上写作。中文和英文的笔试均如此。

2. 大多数的笔试都是智力测试，部分用人单位会加上专业知识或者性格测试的内容。（也有单位招录新员工时会专门安排时间做性格测试。）

3. 几乎所有的笔试题目量都很大，题目多到正常人在规定的时间内一般都做不完（一般笔试时间为60分钟或者90分钟）。因此，训练答题速度非常重要。

4. 大部分用人单位中文笔试的内容结构和公务员行政能力测试类似。

因此，笔试和我们从小到大参加过的所有考试一样，都可以通过“模拟考”的训练方式来提高成绩。

案例

毕马威会计师事务所（KPMG）的笔试及分析

KPMG的笔试是典型的英文笔试，主要分为两个部分。

第一部分是Verbal，阅读理解，但是这和平时常见的大学英语四、六级的阅读理解不同。一方面，它更接近于商业英文的表达习惯，文意表达得清楚和规范是最主要的特点，因此它并不讲究句式的繁复和修辞的多变；另一方面，它注重的是逻辑思维能力的考查，因此重要的是把握透过表面文字揣摩内在的意思。

第二部分是Numerical，数学。KPMG的笔试题在这部分是中文的，难度相对降低很多，但是部分企业也是英文的。这一部分的主要考查重点不是数学运算能力，因而并没有上升到高等数学的难度，无论是否学过微积分和导数的运算都不影响这一部分的发挥。与阅读相似的，数学部分的考查内容也是以商业英文为主，因此注重的是从数字和图表中获得有用的信息的能力。

面试

面试的基本概念

面试，简单来说就是面试官与应聘者或者应聘者与应聘者之间面对面地聊聊天，在聊天的过程中，面试官会观察和判断应聘者的求职动机、个性特征、能力和经验等。

1. 面试的类型

（1）程序式面试：面试官按照事先设计好的程序和题目采用一问一答的形式考察应聘者，是最常规的面试方式。提问内容可能是：其一，就简历上的内容择重点提问；其二，由招聘小组事先准备好题目，通常是一些比较常规化的问题，例如职业生涯规划、成功经历、优点缺点、情景问题解决等。

（2）随意式面试：主考官与你闲话家常式的聊天，通常从“自我介绍”开始。在应聘者说得口沫横飞的时候面试官会突然打断，提出一些他感兴趣的或者尖锐的问题。通常一些有丰富工作经验和社会阅历的面试官喜欢采用这种方式。与应聘者自由地交流，伺机观察应聘者的人品、见识、应变、谈吐和风度。

（3）压力式面试：这是一种事先设计好的故意刁难，令应聘者难堪，直至无法回答，以观察应聘者在突如其来的变故下的应变能力。通常加压的方法有频繁打断应聘者的发言，让应聘者不能完整地表达自己；不断否定应聘者的观点；态度恶劣地、非客观地批评应聘者的诸多不是；对应聘者表现出很不耐烦和不专心的态度，如喝茶、接电话、面试官自己闲聊等。如果你在面试中遭遇突如其来的打击，就应该知道这是“压力面试”，不一定是面试官真正的态度。

（4）游戏式面试：让多个面试者在一定时间（通常半小时左右）共同完成一些游戏任务，比如搭积木、设计故事、角色扮演等。在整个游戏过程中观察应聘者的合群性、参与性、创意、说服与接纳、团队协作等。

（5）团队面试：让多个应聘者在一定时间内（通常半小时左右）就给定的案例做小组讨论，然后两个小组进行辩论或者推举代表做当众陈述。考察的内容和游戏面试相似，因为比游戏面试方便，这种面试方式在大公司招聘中非常普遍。

（6）群体面试：一个面试官或者多个面试官对多个应聘者采取问答的形式，是程序式面试和随意式面试的升级版，提问的问题和这两者相似。困难之处在于应聘者自由发言而不是轮流发言，势必有人会“霸占”别人的发言机会。

（7）会审式面试：具有不同背景、来自不同部门的多个面试官对一个应聘者提的通常都是和面试官的背景和工作内容有关的问题。

（8）电话面试：近年越来越流行的“初试”方式。如外企通常在电话中用英文提问应聘者简历的内容，并要求应聘者用英文回答，借此考察应聘者的反应及英文水平。

拓展阅读

古人是怎样面试的

然知人之道有七焉：一曰间之以是非而观其志，二曰穷之以辞辩而观其变，三曰咨之以计谋而观其识，四曰告之以祸难而观其勇，五曰醉之以酒而观其性，六曰临之以利而观其廉，七曰期之以事而观其信。——《将苑·知人性》。（《将苑·知人性》是宋代出现的一部号称是诸葛亮遗作的兵书。）

这段话的大意是考察一个人有七种办法，分别是：一是通过分辨事情的是非来判断他的志向；二是和他辩论来观察他的应变；三是问他的对策来观察他的见识；四是拿紧急的危难来看他的勇气；五是灌醉他来看他的本性；六是用利益诱惑他来看他的廉洁；七是委托他办事来看他的诚信。

可见，古代人“面试”有很多种不同的方法。其实有些方法在现在企业面试中也一直在使用。例如，“咨之以计谋而观其识”对应案例面试；“穷之以辞辩而观其变”对应压力面试等等。因此，面试不等于“口试”，不少人纠结于“这个面试题目怎么回答”之类的问题，但答案有时候并不重要，“察言观色”“言外之音”等则往往是面试官关注的重点。

2. 面试能力训练的方法

如果你已经参加过面试，应该会对自己在面试中的表现记忆深刻——通常是什么都不记得了，大多数人在最初几次面试时脑子里一团浆糊。那么，应该怎样准备面试呢？很多人会说在网上看一些面经，有些问题也会自己思考答案。这是远远不够的，好比一个人看过很多菜谱，但如果不进行专业训练，也不可能成为好厨师。

首先，要想在“面试”这个活动中取得好成绩，一定是需要能力和经验的，没有人能靠“本能”和“运气”随随便便成功。其次，面试需要专门的能力，这与求职者所拥有的能力有一定区别。例如，一个平时沟通能力很强的人，面试中可能因为太紧张而变成结巴。因此，需要通过特定的训练方式来提高面试能力。充分的面试训练包括：

（1）读面经。准备面试的第一步是从读面经开始。求职网站上都会有，有的是某一家公司的面试过程，有的是从失败到成功的完整的求职历程，有的是多次面试的经验总结，总而言之，它能让你全方位地了解求职面试过程以及“注意事项”。读面经还有个小技巧，把每篇面经中别人提到的要点摘下来，几十篇摘完其实就是一本至高无上的求职心法秘籍。多读一些他人的面试经验也有助于辨别信息真伪，因为虚假信息往往经不起重复验证。

（2）做习题。求职也该进行“应试教育”。不管什么公司，也无论面试官是谁，面试官关心的问题也就经典的几十道。做透了，万变不离其宗。做习题有三大守则：首先是一定要动手做，看看想想和实际写下来的效果相差很远，只有写下来才能总结出规律和条理来。其次，面试题没有标准答案，需要自己去琢磨，寻找属于自己的不违反面试基本原则的答案。网上流传的那些所谓的标准答案其实早就烂透了。再次要经常复习，尤其是面试经典题目，要隔三差五地拿出来添加自己最新的心得体会。

（3）模拟考。大多数毕业生对面试都很陌生，所以一定要进行模拟面试训练。第一种就是参加各种模拟求职大赛或者模拟面试活动。第二种是“盲模”，经常在脑海中想象面试场景，虚拟面试官和你的对话。许多运动员在比赛临近上场前会想象一下自己的表现，以便做到心里有数，就是这个原理。第三种是早投简历，多投简历，获得更多真实的面试机会，在实战中提升能力。

（4）复盘。棋手在一盘比赛结束后往往会花大量时间把棋从头到尾摆一遍，一边摆一边思考和推算可能出现的变化。面试也是一样，结束以后需要及时写面试的流水账以及自己的总结。总结工作不能只是事后想想，不能只停留在大脑中，要详细地记录下来，这样才能从每一次面试中得到进步。

面试准备和面试流程

1. 面试准备

（1）物件准备：面试必须要用到一些物件和工具，主要有职业装、公文包、文具、纸质简历和个人认为可以提供的证明资料（成绩单、奖励证书等）。

（2）面试通知的三个W：接到面试通知时，必须明确面试的时间（when）、地点（where）和联系人（who）。特别是电话通知时，一定要仔细听清楚，有疑问必须大胆提出，并牢记面试联系人的姓名、电话和部门。

（3）面试单位背景调查：通常情况下在投递简历前就已经收集一些应聘单位的资料，在面试前应该不厌其烦地对这些信息进行复习，包括：企业所处整体行业情况、企业产品、企业客户群、企业竞争对手、行业热门话题以及企业的财务数据等。

（4）应试准备：搜索单位历年的面试流程、面试题目甚至面试官信息，对雇主的人才需求特征、关心的问题等做到心中有数，从过来人的经验分享中吸取教训。如果有条件的话，甚至可以进行模拟面试。

2. 面试流程

（1）初始阶段：电话面试或首轮面试属于大规模淘汰阶段，候选人众多，面试流程和内容简单，时间短。初始阶段面试的主要目的是去掉大部分不适合的应聘者，因此这个阶段并不是“选优”，而是“去伪”。面试官的级别通常不会很高。

（2）中级阶段：通过初始阶段面试的应聘者，很快就会进入中级阶段的面试。中级阶段面试可能不止一轮，形式多样，目的是通过各种测试把更合适的人挑选出来，这是精挑细选的环节。面试官通常由部门主管级别的员工来担任。

（3）最终面试：通过中级阶段筛选的候选人被录用的几率很大，但还需要进行最后一轮面试，基本流程就是与公司或者部门高管当面交流。最后一轮看起来很简单，却尤为关键。越是高级的面试官，看人的能力越强，在不经意间就能看到应聘者的本质。

拓展阅读

普华永道会计师事务所的招聘流程

“四大”会计师事务所每年的校园招聘开始时间均在9月份，普华永道也不例外。每年的9月份，它们都会在公司的官网、主要招聘目标学校的就业网和重要的社会招聘网站上刊登招聘公告，然后招聘流程就开始了。

第一关：按照要求在网上提交申请。

第二关：网申通过后就可以参加笔试。时间在11月份左右，笔试内容为数理计算和写作（均为英文）。

第三关：第一轮面试。比较基础的面试，整个过程都是用英语来完成。

第四关：整个招聘中最为重要的Assessment Center环节，通常为无领导小组面试。

第五关：由合伙人来面试。走到第五轮的候选人被录用的几率已经很大了。

核心面试问题

如果你在网上以“面试常见问题”为关键词进行搜索，会得到有趣的结果。例如，“16个经典面试问题”“面试常问的40个问题”“101种面试问题”“面试中的248个问题”……其实面试只有四个问题：你的基本情况、你有多想得到这份工作、你是否适合这份工作，以及你是否胜任这份工作。

1. 应聘者的基本情况

最常用的方式是面试者自我介绍，面试官会对面试者的教育背景和阅历比较感兴趣。自我介绍是面试的开始，是最基本的问题，但基本并不意味着简单和不重要。在短短几句话的自我介绍中，面试官已经对你产生印象，如果印象不好，自我介绍完毕面试实际上就已经结束了（面试官已经作出否定的判断）。

2. 你有多想得到这份工作

问题的形式主要有面试者的职业规划、面试者对行业/职位的了解、面试者的经历与应聘目标的关系。动机是雇主面试考察的重点，如果两个候选人能力相差无几，更渴望得到工作的会胜出；反之，如果应聘者没有表现出对应聘职位的兴趣，或者该职位只是他的诸多选择之一，即使非常符合要求，雇主也不会录用。

3. 你是否适合这份工作

主要考查应聘者的性格和价值观。很多用人单位会通过职业测试来解决这一问题，在面试中也会有一些对应的题目，例如，“你的优点和缺点是什么”“当遇到×××问题时你是怎么解决的”“别人是怎么评价你的”等。

4. 你是否胜任这份工作

主要考查能力和潜力。因为应届毕业生没有工作经验，所以雇主考查的并非你的“现在”，而是“未来”是否能够胜任，换言之，是否具备胜任的潜质及培养价值。

通常会通过“你最成功的事情是什么”“你最失败的事情是什么”“举一个证明你具备×××能力的例子”以及简历上所写的实习实践经历中的具体表现等问题来考查。

拓展阅读

宝洁八大问

宝洁公司在中国校园招聘采用的面试评价测试方法主要是经历背景面谈法，即根据一些既定考查方面和问题来收集应聘者所提供的事例，从而来考核该应聘者的综合素质和能力。宝洁的面试由8个核心问题组成，均能反映应聘者某一方面的能力。核心部分的题如下：

1. Describe an instance where you set your sights on a high/demanding goal and saw it through completion.（请你举一个具体的例子，说明你给自己确定了一个很高的目标，然后达到这个目标。）

2. Summarize a situation where you took the initiative to get others on an important task or issue, and played a leading role to achieve the results you wanted.（请举例说明你在一项团队活动中如何团结他人，并且起到领导者的作用，带领团队最终获得所希望的结果。）

3. Describe a situation where you had seek out relevant information, define key issues, and decide on which steps to take to get the desired results.（请你描述一种情形，在这种情形中你必须去寻找相关的信息，发现关键的问题事项，并且自己决定依照一些步骤来获得期望的结果。）

4. Describe an instance where you made effective use of facts to secure the agreement of others.（请你举一个例子说明你是怎样通过事实来说服他人的。）

5. Give an example of how you worked effectively with people to accomplish an important result.（请你举一个例子，说明在完成一项重要任务时，你是怎样和他人进行有效合作的。）

6. Describe a creative/innovative idea that you produced which led to a significant contribution to the success of an activity or project.（请你举一个例子，说明你的一个有创意的建议曾经对一项计划的成功起到了重要的作用。）

7. Provide an example of how you assessed a situation and achieved good results by focusing on the most important priorities.（请你举一个具体的例子，说明你是怎样评估形势，将精力集中在最重要的事情上从而获得你所期望的结果。）

8. Provide an example of how you acquired technical skills and converted them to practical application.（请你举一个具体的例子，说明你是怎样获得一门技能并且将它用于实际工作中的。）

面试中的印象管理

印象管理又称自我呈现，是指一个人通过一定的方式影响别人对自己形成印象的过程。印象管理是人际社会互动的本质，恰当的印象管理是人际交往的核心手段，是个体社会适应性的量尺。印象管理包括印象动机和印象结构两个成分。求职互动中，大学生在印象动机的驱动下，根据自己的印象结构，运用印象管理策略，影响面试官的面试评价。

大学生印象管理模型（见图5.2）认为，印象管理是一个与工作相关的概念，包括工作成分和人际技能两个方面。面试是时间较短、情境压力较大的人际互动，大学生在求职动机的驱使下，希望给面试官留下好的印象。面试过程中人际技能的使用受到工作熟悉度的影响。大学生越熟悉求职岗位，越善于表现出岗位所需的关键特征。

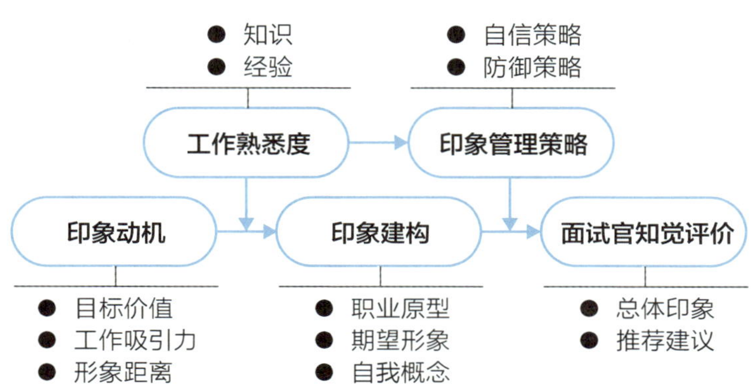

图5.2 印象管理模型

大学生在求职过程中，应熟悉印象管理的各种策略，积极做好个人的印象管理。以下是几种常用的印象管理及其策略：

1. 获得性印象管理

获得性印象管理是指一个人试图使别人积极看待自己的努力。主要的策略有：

（1）欲扬先抑策略。在无关紧要的问题上和面试官保持不一致，而在重要的问题上保持一致。通过陈述别人的优点和成绩，一方面显示自己的气度，另一方面凸显自己欣赏他人的意识和团队合作精神。

（2）自我强调策略。通过对应聘职位的仔细研究，明确用人单位的招聘需求，制作有针对性的简历，突出自己具备这方面的素质和能力，并在面试中强调自己在这方面的素质和能力。

2. 保护性印象管理

保护性印象管理是指一个人尽可能弱化自己的不足或避免让别人消极看待自己的防御性措施。主要的策略有：

（1）保护性归因策略。大学生在面试过程中对消极事件所给出的解释是增强在选拔程序中面试官对其产生有利知觉的关键因素。大学生对消极事件的原因归结可能是内部不可控归因，也可能是外部不可控归因。比如，学分成绩不高的原因是作为班委经常要协助老师组织活动，学习时间受到影响（外部不可控归因）。

（2）合理化理由策略。大学生在面试过程中对消极事件进行一种修复性阐述。通过阐述理由的合理性，努力减少消极事件对个体形象所造成的不良影响。

（3）事先声明策略。在面试过程中，大学生事先声明自己的一些非紧要缺点，表达求职的真诚和诚意，给面试官留下较好的印象。

拓展阅读

面试时的穿着讲究

每个学生在找工作的过程中都会遇到面试，面试的时候穿什么，往往成为大家很头痛的一个问题。面试时，在你踏进面试办公室的那一刻，面试官就已经因为你的穿着打扮对你进行了判断，从某种程度上来说这比你在之后说了些什么更为重要。

1. 面试穿着应该根据面试公司的性质而定，顶尖的外企，诸如投资银行、四大会计师事务所等会要求员工穿着非常专业、职业化，所以面试这类企业时，女生要选择职业套装，颜色在黑色或灰色之间。

2. 面试其他外企以及大多数国企的时候，穿着蓝、白、灰的衬衫和黑、灰的西裤，表现冷静、清爽就可以了。

3. 面试时女生不可以过度露肤，如果裙子过短或上衣无领无袖，甚至穿着吊带服饰是完全不被允许的。

4. 面试时穿着的服饰上不可以有明显的图案、亮片之类，过于吸引人眼球，会给人留下凌乱的印象。

5. 面试时女生不能选择过于艳丽的颜色，比如红色、黄色、橙色之类，会给考官太强的视觉冲击力，使他的注意力没有办法集中在你所陈述的问题上。

资料来源：百度经验，http://jingyan.baidu.com/article/6181c3e04e2623152ef153da.html

就业政策

就业程序

1. 签订就业协议程序

“就业协议”即《普通高等学校毕业生就业协议书》。该协议书明确了毕业生、用人单位、主管部门及培养学校的责任、权利和义务。由于应届毕业生获得学位证和毕业证正式离校前没有签订劳动合同的法律身份，因此需要先签订“就业协议”（其法律意义是约定毕业后签订劳动合同的基本条款）。用人单位决定录用毕业生后，会向其提出签订就业协议的要求，如果毕业生同意，即可向学校申领《普通高等学校毕业生就业协议书》，进行签约手续，最后到学校的就业中心登记确认。

2. 毕业生报到、就业程序

已经签订“就业协议”或毕业后与用人单位直接签订劳动合同等已经就业的毕业生，属于已“派遣”，毕业后应持《就业报到证》及户口迁移证在报到期限之内到用人单位报到。未落实单位就业的毕业生也可以先派遣回原籍，把户口和档案资料寄回原户口所在地。

3. 毕业生调整改派程序

对已派遣到用人单位或毕业生就业主管部门的毕业生，因各种原因不能到原单位报到的，需要办理改派手续，由毕业生本人提出申请，原接收单位或原市地、县（市、区）毕业生就业主管部门同意，报上级毕业生就业主管部门批准。具体的改派流程可咨询学校的就业中心。

4. 毕业生档案转递程序

已落实工作单位的毕业生毕业后持《就业报到证》到用人单位报到，档案由学校寄送到用人单位或其上级主管部门，其中到部分外资企业、个体私营企业的毕业生在当地政府人事部门人才服务中心办理人事代理，人才服务中心负责管理档案，学校将档案寄送到人才服务中心。未落实工作单位毕业生的档案，由学校寄送到生源所在地的毕业生就业主管部门。

关键词

《就业报到证》

《就业报到证》由原来《派遣证》转化而来，是应届普通高等学校（普通全日制，也就是统招生）毕业生到就业单位报到的凭证，也是毕业生参加工作时间的初始记载和凭证。毕业生到就业单位报到时，须持《就业报到证》。学校相关部门依据《就业报到证》为毕业生办理档案投递、组织关系转移和户籍迁移等手续，就业单位所在地公安部门凭《就业报到证》为毕业生办理落户手续，就业单位凭《就业报到证》为毕业生办理相关工作手续。

基层就业政策

近年来，国家为了鼓励大学毕业生到落后地区和城乡基层就业，推出了多个重大项目，并配套了系列优惠政策。主要的基层就业专门项目包括：团中央、教育部等四部门组织实施的“大学生志愿服务西部计划”；中组部、原人事部、教育部等八部门组织实施的“三支一扶”（支教、支农、支医和扶贫）计划；教育部等四部门组织实施的“农村义务教育阶段学校教师特设岗位计划”；中组部、教育部等四部门组织实施的“选聘高校毕业生到村任职工作”。

参加国家和地方组织的基层就业项目，服务期满考核合格的，在助学贷款偿还、报考公务员、硕士研究生、事业单位工作人员招录和自主创业等方面均有一定的优惠政策，详细的优惠政策可以参考项目文件和各主管及招录单位出台的具体办法。

1. 大学生志愿服务西部计划

● 项目简介：又称“西部计划”，由共青团中央于2003年开始组织实施。每年统一招募一定数量的普通高等院校应届毕业生，以志愿服务的方式到西部贫困县的乡镇从事为期1~3年的教育、卫生、农技、扶贫以及基层社会管理和基层青年中心建设与管理等方面的工作。

● 服务年限：一般为1年，有的具体项目计划为2~3年，工作期间给予一定的生活补贴，工作期满后自主择业。

● 报名时间：一般为5月份，全国统一报名选拔，具体时间请关注学校的通知。

● 报名办法：网上报名（大学生志愿服务西部网）→资格审查→笔试→面试→体检→上岗。

2. “三支一扶”计划

● 项目简介：“三支一扶”是支教、支医、支农、扶贫的简称。2006年开始组织实施。以公开招募、自愿报名、组织选拔、统一派遣的方式，每年招募2万名高校毕业生到乡镇从事支教、支农、支医和扶贫工作。

● 服务年限：一般为2年，工作期间给予一定的生活补贴，工作期满后自主择业。

● 报名时间：一般为3~5月份，每个省、直辖市和自治区的报名时间不一，每年的具体报考时间请关注学校的通知。

● 招录流程：网上报名（各省市毕业生就业主管部门网站）→资格审查→笔试→面试→体检→上岗。

3. “特岗教师”计划

● 项目简介：是中央实施的对西部地区农村义务教育的一项特殊政策。通过公开招聘高校毕业生到西部地区“两基”攻坚县县以下农村学校任教，逐步解决农村学校师资总量不足和结构不合理等问题，提高农村教师队伍的整体素质，促进城乡教育均衡发展。

● 服务年限：一般为3年，服务期满后考核合格可继续在当地任教、异地流转任教或自主择业。

● 报名时间：一般为1月上中旬，考试一般为2月下旬或3月上旬。每个省、直辖市和自治区的报名时间不一，每年的具体报考时间请关注学校的通知。

● 报名办法：网上报名（各省市毕业生就业主管部门网站）→资格审查→笔试→面试→体检→上岗。

4. 大学生“村官”计划

● 项目简介：全称为“全国选聘高校毕业生到村任职”，是从2005年开始的一项基层就业项目。各省市根据工作需要，招录应届毕业生到村镇担任村干部。

● 服务年限：一般为3年，工作期间给予一定的生活补贴，工作期满后自主择业。

● 报名时间：一般为1~3月份，村官招录一般由各个省、自治区和直辖市各自组织，因此招录时间不一，具体报考时间请关注学校的通知。

● 报名办法：网上报名（各省市毕业生就业主管部门网站）→资格审查→笔试→面试→体检→上岗。

就业中的权益保护

大学生就业基本法律权益

1. 平等就业权

平等就业权属于劳动权的范畴，指的是平等地获得就业机会的权利，是社会平等在就业方面的必然要求。其要义是，劳动者不分性别、年龄、民族，在就业机会面前一律平等。

目前，大学生就业过程中平等就业权受到侵犯的主要表现为：针对大学生身高、相貌、血型、基因、属相等自然因素的歧视；针对大学生性格、个性等心理层面的歧视；对女大学生的性别歧视；针对携带乙型病毒性肝炎病原的大学生及残疾大学生的健康歧视；等等。

2. 自主择业权

我国《劳动法》规定："劳动者享有平等就业和选择职业的权利。"大学毕业生只要符合国家的就业方针、政策，就可以自主地选择用人单位，这是求职大学生享有的权利。任何单位或个人无权干涉，即使大学毕业生的家长和亲属也不能对其选择职业进行干涉和强迫。

3. 隐私权

大学毕业生享有的隐私权包括对隐私的控制权和利用权。控制权指求职大学生能够按照自己的意志控制个人隐私，具体表现为个人信息控制权、个人活动自由权和私有领域不受侵犯权三种；利用权是指求职大学生有权按照自己的意志去利用自己的隐私从事各项活动以满足自身的需要，用人单位不得从求职大学生的个人资料中获得与其工作无关的利益。

目前，大学生就业过程中隐私权受到侵犯的主要表现为：用人单位对求职大学生恋爱、爱好、信仰、心理特征等敏感私人领域的介入及一些用人单位将求职大学生的简历随意处理甚至转手出让等。

4. 知情权

大学生对于自己将要从事或者正在从事的工作岗位和工作环境享有知情权，这是劳动者的一种民事权利。目前，大学生就业过程中知情权受到侵犯的主要表现为：因为大学生在劳动关系中处于弱势地位，招聘单位的情况、信息对大学生的透明度极低，有时还拒绝告诉大学生。更有甚者，有些单位还故意发布虚假信息，欺骗或违法聘用大学生。

5. 违约求偿权

毕业生的就业协议一经签订，毕业生、用人单位、学校任何一方不得擅自毁约，如有违约都必须严格履行相应的责任。任何一方提出变更或解除协议，均须得到另外两方的同意，并应承担违约责任。

大学生就业中常见的陷阱

1. 费用陷阱

有的不法分子利用大学生找工作中的迫切心理，进行虚假招聘，并收取风险抵押金、报名费、培训费、考试费、资料费、登记费、服装费等，均为违法行为。

我国《劳动力市场管理规定》第十条规定：禁止用人单位招用人员时有下列行为：向求职者收取招聘费用；向被录用人员收取保证金或抵押金；扣押被录用人员的身份证等证件；以招用人员为名牟取不正当利益或进行其他违法活动。

正规的用人单位招聘均不会收取费用。

2. 高薪陷阱

有的用人单位在招聘时会许诺优厚待遇和高额工资等，但正式开始工作时以各种各样的理由和借口不予兑现招聘时做出的承诺。针对这种情况，毕业生在求职时要与用人单位明确薪酬福利兑现的制度，了解单位信誉，重在预防，不要盲目签约。

一般情况下，与行业平均薪酬不符的高额工资承诺可信度较低。

3. 试用期陷阱

有的用人单位为了降低用工成本，对新招录的员工只试用不录用（试用期结束后随意找个理由辞退），随意延长试用期，试用期不签订正式劳动合同，混淆试用期、实习期和见习期概念等。求职时应对各种“期”的法律概念有一定了解，在与用人单位签订就业协议和劳动合同时予以明确。

除以上陷阱外，还有黑中介、用人单位不按规定缴纳社会保险、骗取劳动成果（专利、发明等）、传销陷阱等，因此在求职时要按照正常的流程和渠道寻找招聘信息，提高警惕，顺利就业。

拓展阅读

大学生就业法律法规

与大学生就业有关的法律法规有《中华人民共和国劳动合同法》、《中华人民共和国劳动法》、《中华人民共和国就业促进法》、《中华人民共和国劳动争议调解仲裁法》、《普通高等学校毕业生就业工作暂行规定》、《中华人民共和国公务员法》、《劳动力市场管理规定》、《国家公务员暂行条例》等。

06

职业生涯**规划与管理**

职业决策
职业生涯发展规划
生涯管理的N个技能

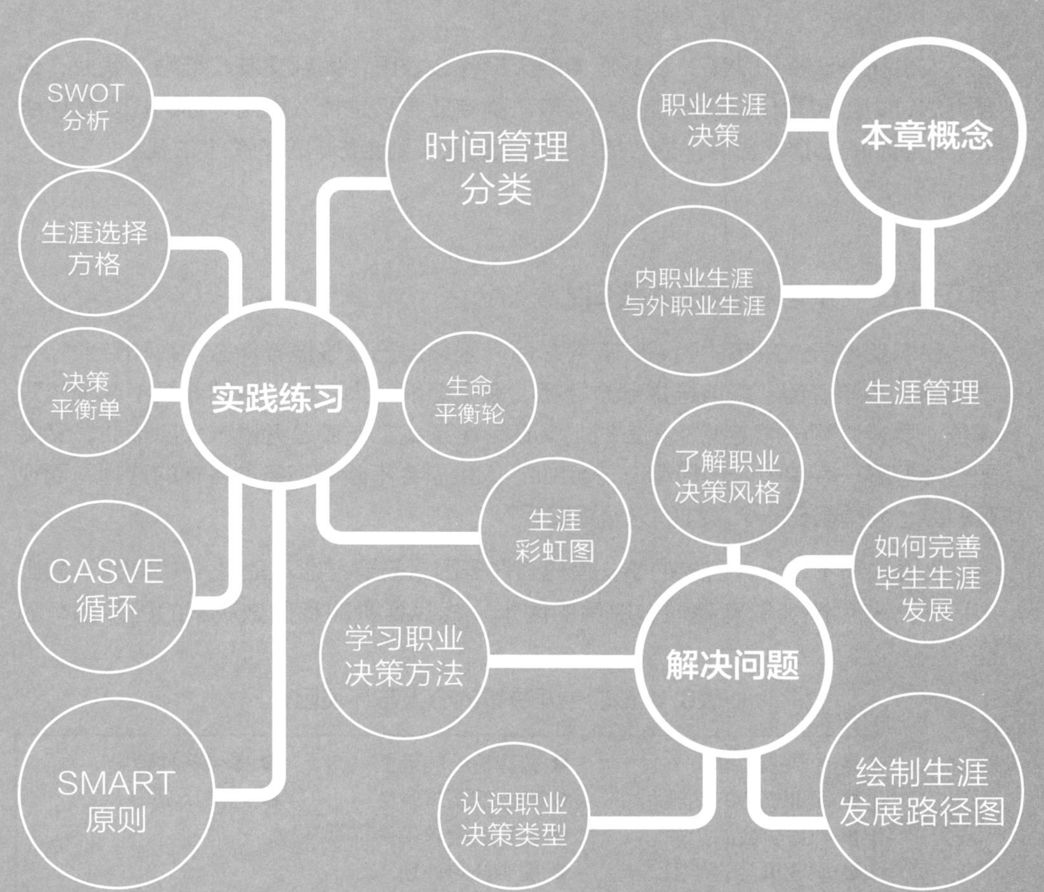

SWOT
分析
时间管理
分类
职业生涯
决策
本章概念
生涯选择
方格
内职业生涯
与外职业生涯
决策
平衡单
实践练习
生命
平衡轮
生涯管理
了解职业
决策风格
生涯
彩虹图
如何完善
毕生生涯
发展
CASVE
循环
学习职业
决策方法
解决问题
SMART
原则
认识职业
决策类型
绘制生涯
发展路径图

职业决策

职业决策状态判断

人生充满选择和决策，小到思索明天穿什么衣服，大到交友、结婚、就业，你是否想过，当初为什么决定读财经与政法类专业，又是什么原因令你选择现在这所大学？细小的选择能影响你的心情，而重大的决策则会影响你的整个生涯。

你正处在一个怎样的分岔路口？

我们都经历过决策的困惑，高考之后，困惑自己应该报考什么学校和专业？大学伊始，不知道自己应该选择哪个社团、哪个组织？大二时，纠结着要不要辅修双学位，要辅修哪一个专业？大三时，又在考虑是找工作还是考研？大四毕业，又需要选择签哪一家单位，选择哪一份offer？人生总会不断面临各种各样的选择，而现在的你，又徘徊在一个怎样的分岔路口呢？

生涯决策不是一件容易的事，首先有许多因素需要考虑。金树人（2007）列出了以下一些可能会影响我们做决策的因素，找找看影响我们做决策的因素都有哪些？

表6.1 影响生涯决策的个人与环境因素

机会因素	● 乡村或者都市 ● 职业机会的接触 ● 教育机会的接触 ● 职业机会的范围	● 教育机会的范围 ● 职业的要求条件 ● 课程的要求条件 ● 提供补习计划	● 提供各种辅导 ● 经济状况
文化因素	● 社会阶段之期待 ● 家庭抱负与经验 ● 友伴之影响 ● 角色楷模的影响	● 小区对教育或工作的态度与倾向 ● 教师的影响 ● 咨询者的影响	● 文化中教育或职业机会的影响 ● 主要参照团体的影响
价值结构因素	● 一般价值 ● 工作价值 ● 生活目标 ● 生涯目标 ● 工作态度	● 工作道德 ● 职业与课程的刻板化态度 ● 人、数据、事之导向 ● 休闲	● 各种需求 ● 稳定感 ● 安全感 ● 利他

续 · 表6.1 影响生涯决策的个人与环境因素

个人特质因素	● 智力 ● 技能 ● 成就 ● 过去的经验 ● 成就动机	● 责任感 ● 毅力 ● 个性特点 ● 自尊 ● 决策能力	● 职业成熟 ● 性别 ● 种族 ● 年龄

其次，除了自身因素外，我们的决策也会受到很多外在条件的影响。比如，在职业选择时常常受到家庭的影响。试回忆一下当初你选择专业的时候，是“我想选择某某专业”，还是“他们认为这个专业好，我应该选择这个专业”？后者就是受到家庭成员或他人的影响作出的决策。此外，家庭的经济状况可能会影响个人对工资待遇的重视程度，父母的文化水平也有可能影响自己对学历的追求等。

决策影响因素的多样性决定了决策的复杂性，面对复杂的决策，我们往往感到无所适从，心理学家Marcia曾从“自我认定”和“生涯觉察”两个角度将青年人的生涯发展定向分为四种形态（林清文，2003），具体如图6.1所示：

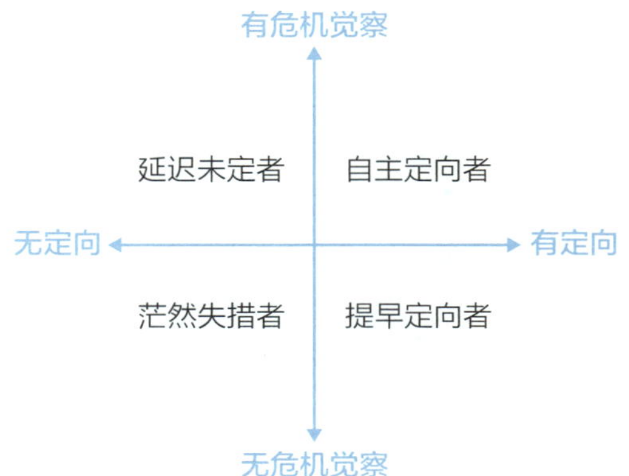

图6.1 自我认定形态的分类架构图（林清文，2003）

1. 自主定向者（Identity Achievement – IA），经历抉择危机之后，渐渐确定其生涯方向或职业目标。

2. 提早定向者（Foreclosure－F），本身未曾面对抉择危机，但在生涯方向或职业目标上，已接受父母或他人的安排而定型。

3. 延迟未定者（Moratorium－M），面对个人的抉择危机，正在寻求定向。

4. 茫然失措者（Identity Diffusion － D），面临抉择危机，因生涯方向或职业目标模糊不定，而感到焦虑，甚或逃避抉择。

根据我们对前来就业中心进行职业咨询的同学所面临决策困惑的分析，其中“延迟未定者”和“茫然失措者”居多。例如，不确定是否继续攻读本专业，无法明确自身的生涯目标等。这些同学需要通过进一步的职业探索和引导来强化职业选择，形成更明确的职业目标。

练一练

你通常是如何做出决定的？

最近一段时间你做出决定的事情有：

1. ____；

2. ____；

3. ____；

4. ____。

想一想，面对这些事情，你在做出决定的时候，有什么共同特点？

1. 是谁觉察到需要做决定？

____

2. 你是否明确做出决定的方向？

____

3. 最终决定是如何做出的？

____

____

决策风格判断

每个人都有不同的决策风格，或果断或犹豫，不同的决策风格对解决问题有不同影响。Harren将决策风格分为三种类型（吴芝仪，2008）：

1. 理性型。系统地搜集充分的生涯相关资讯，且逻辑地检视各个可能选项的利弊得失，以做出最满意的决定。

2. 直觉型。较关注个人在特定情境中的情绪感受，做决定全凭感觉，较为冲动，很少能系统地搜集相关资讯。你是否经常有“莫名我就喜欢你”这种感觉呢？做决定的时候很快，凭直觉做出行动。

3. 依赖型。等待或依赖他人为他搜集资讯且做决定，较为被动而顺从，亟需获得他人的赞许，对自己决定的能力和结果缺乏信心。这种人经常会问到“你们说应该怎么办？”

一般而言，我们认为理性型的人比较能够做出客观的选择，但是不可否认，直觉型和依赖型也有它们各自的优势，如果你觉得上述三种类型不能完全代表你的决策风格，那么除了简单的三种类型之外，Dinklage（1968）还将人们做决定的风格归纳为八个类型：

表6.2 决策风格类型

	决策类型	说明	行为特征	好处
1	冲动型	决定的过程基于冲动，决定者选择第一个遇上的选择方案，立即反应。	先做了再说，以后再想后果。	不必花时间收集资料。
2	宿命型	决定者知道做决定的需要，但自己不愿做决定，把决定的权利交给命运或别人，因此认为做什么选择都是一样的。	船到桥头自然直，天塌下来会有大个子顶着，反正时也、运也、命也。	减少冲突，不必自己负责任。
3	顺从型	自己想做决定，但是无法坚持己见，常会屈服于权威者的指示和决定。	如果你说OK，我就OK。	维持表面和谐。
4	延宕型	知道问题所在，但经常迟迟不做决定，或者到最后一刻才做决定。	急什么？明天再说吧！	延长做决定的时间。

续 · 表6.2 决策风格类型

	决策类型	说明	行为特征	好处
5	直觉型	根据感觉而非思考做出决定，只考虑自己想要的，不在乎外在的因素。	感觉还不错，就这么决定了。	比较简单省事。
6	麻痹型	害怕做决定的结果，也不愿负责，选择麻痹自己来逃避做决定。	我知道该怎么做，可是我办不到。	可以暂时不做决定。
7	犹豫型	选择的项目太多，无法从中做出取舍，经常处于挣扎的状态，下不了决定。	我绝不能轻易决定，万一选错了，那就惨了。	收集充分完整的资料。
8	计划型	做决定时会倾听自己内在的声音，也会考虑外在环境的要求，以做出适当且明智的抉择。	一切操之在我，我是命运的主宰，是自己的主人。	主动积极面对问题，解决问题。

针对不同的事件，我们可以选择不同的决策风格。但是在面临重大的生涯决策的时候，比如考研、选择专业等，我们需要在更理性、更计划性地分析利弊之后再做选择，以保证决策的正确性，同时将负面影响降到最低。

练一练

小测验：看看你的决策风格（非正式评估）——桃园摘桃

路边有一片桃园，假如你可以进入桃园摘桃子，但只许前进不许后退，只能摘一次。要摘一个最大的，你会怎么办?

A. 对视野内的桃子进行比较，形成一个大概的标准，再根据这个标准选择最大的桃子。

B.“我感觉这个大”就摘这个了。

C.“去问问看桃园的人，让他告诉我什么样的最大！”或者问旁边的人什么样的最大。

D. 先别管了，走到最后再说吧。

E. 稍微比较，迅速摘一个。

结果说明：

A.理智型。强调综合全面的收集信息、理智的思考和冷静的判断分析。B.直觉型。以自我判断为导向，在信息有限时能够快速做出决策，发现错误时能迅速改变决策。C.依赖型。倾向采用他人建议与支援，往往不能承担自己做决策的责任。D.回避型。拖延不果断，倾向于不考虑未来的方向，不知道自己的目标，也不思考，也不寻求帮助。E.自发型。不能容忍决策的不确定性以及由此带来的焦虑情绪，具有强烈的及时性，对快速做决策的过程感兴趣。

拓展阅读

渔夫的选择（肖丽新，2012）

有个富翁出海观光时遇难，被一个渔夫救起。富翁决定给渔夫一大笔钱作为报答。他提出两个方案：一是现在就将目前资产的百分之五送给渔夫；另一个是待十年后，将自己那时资产的百分之二十相赠。

这是天上掉馅饼的好事，渔夫自然非常高兴，可同时又很为难：选第一个方案吧，怕十年后富翁的资产剧增，到时后悔；选第二个方案吧，又担心十年后富翁的资产严重缩水甚至破产，自己岂不亏大了?

故事就先讲到这里。若问渔夫最终做出了怎样的选择，且容我稍后交代。现实中，选择充斥在我们生活的时时刻刻。打开冰箱，如果有多种蔬菜，你就得选择究竟要做什么；打开衣橱，如果里面有成排的衣服，你就得费番心思；要是你够帅或够靓，“丘比特之箭”频频向你射来，你就会在几个备选者当中踌躇；如果你家世很好，你一定会为是清闲“吃老本”，还是创业干大事而两难。购物为什么俗称逛商场?还不是因为进入视线的东西太多，不容你第一时间决断。凡此种种，不一而足。

设想一下，如果冰箱里只剩下一种菜，衣柜里只有一两件衣服；如果你“硬件”一般，出身一般……哪还有那么多选择的烦恼?看来，选择太多，未必就是好事。

现在，我可以告诉你渔夫的选择了：他被这两个挠心的选择弄得焦头烂额、神思恍惚，在次日出海时被海浪吞噬，最终丧失了所有的选择权。

我们在职业生涯的决策中，是不是也曾经像渔夫这样呢？如果你是渔夫，会怎样做决定呢？

职业决策方法

CASVE循环

CASVE循环认为一个良好的决策应该包括以下五个步骤：沟通、分析、综合、评价与执行（Peterson,et al.,1991）。如图6.2所示：

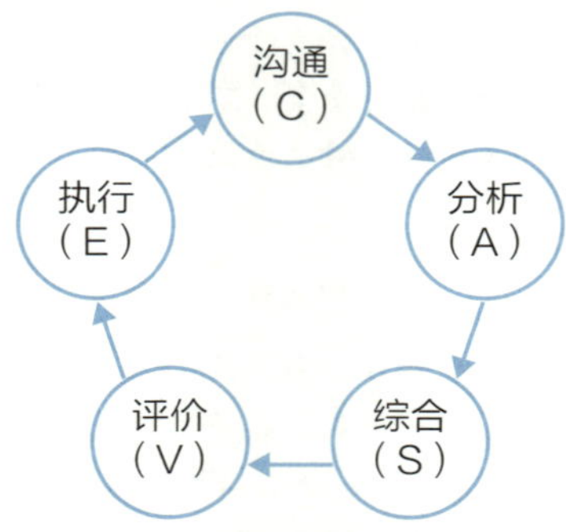

图6.2 CASVE循环模型

1. 沟通（Communication）

沟通是做决定的第一步。我们在做决定之前，需要进行内部和外部的信息交流，通过沟通交流收集信息，了解内部状态、明确外部环境，找出内部与外部的差距。其中，内部状态包括自己的情绪和身体状态，比如，大四学生面对就业压力时自身是焦虑的、头痛的。外部环境包括专业和社会信息，比如，金融专业近几年的就业形势如何、社会需求分布状况如何等。通过充分沟通信息，体会到理想与现实的差距。

2. 分析（Analysis）

分析的目的在于了解自己和所面对的职业选择对象，此阶段需要决策者尽可能地了解自己和职业的方方面面，将各种问题联系在一起。例如：职业兴趣、职业性格、价值观、职业能力、专业知识、行业类型、工作组织等。分析所有构成因素才能利于我们接下来的阶段。

3. 综合（Synthesis）

综合的目的在于形成可能的选项，从而扩大或缩小所选职业的范围。这一阶段需要我们加工前两个阶段的信息，将我们的选项具体化，即列出我们的选择清单。例如：通过前两个阶段，总结出我愿意并能够选择的职业有：银行柜员、企业财务、事务所审计人员。具体选择哪一种职业，需要进行以下步骤。

4. 评价（Valuing）

评价的目的在于做出最佳选择，这一阶段需要对综合阶段得出的几个职业进行评价，选出某个职业或专业。就评价过程而言，至少应该包括两个步骤：（1）针对各个方案评估利弊得失；（2）排列出优先级。最终得出最佳选择，并承诺实施。

5. 执行（Execution）

执行阶段其实就是在实施自己的选择，根据最佳选择确定目标、实施方案，并且完美地执行计划。

对于在校大学生而言，CASVE循环更重要的地方在于“C”和“A”，即是否能够充分地搜集、分析信息。如果在信息不充分的情况下盲目地进行选择，那么该选择很有可能是无效的，甚至是错误的，这意味着学生在校期间需要尽可能地了解自身的职业需求、专业背景、就业方向等，从而确保能够做出正确的选择。

同时，CASVE本身也是一个不断循环的过程，在进入执行阶段一定时间后，意味着新一轮循环的开始——判断自己的选择是否合适。

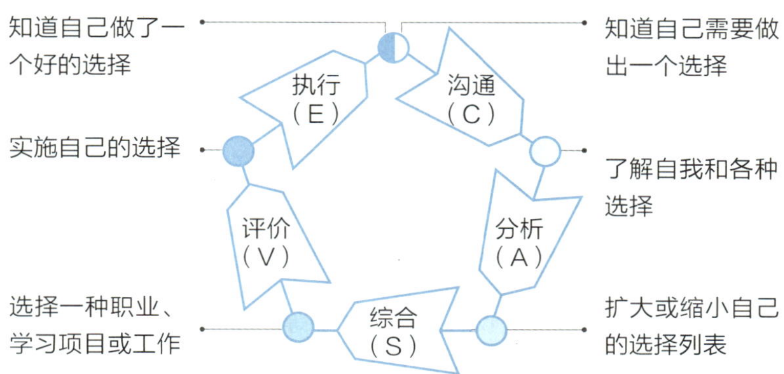

图6.3 良好的CASVE循环决策（彭贤等，2010）

生涯决策平衡单

生涯决策平衡单是一种以表单的形式来呈现的决策方法，它需要决策者列出每一个可能的选项，从决策者重视的各个因素出发，判断每项的利弊得失，并加权记分，最终确定分数最高的选择项。

1. 首先确定你正面临的几个选择项

当你在做生涯决策的时候，就像站在一个分岔路口，想选择最适合自己的那条路，生涯决策平衡单的第一步就是让你理清你面前的岔路，明确可能的各个选项。

案例

孟肖，男，金融专业大三学生。父母均为公务员，希望孟肖能继续考公务员，但孟肖从大学起便对创业有浓厚的兴趣，大学期间与同学创立了自己的网站，并有意在毕业后全职做下去。同时，孟肖的女朋友正准备出国，也希望孟肖能一起出国留学，不想远距离的恋爱。

分析：从上可以看出，孟肖现在面临的选择有三项：创业、就业（考公务员）、出国。

2. 列出你认为重要的考虑指标

做决策犹豫不决的原因大多是因为每个选择项都有利有弊，为了客观地分析利弊，我们需要细化考虑因素，明确具体指标。

一般而言，生涯决策平衡单可以从以下四个主题来细分指标：

（1）自我物质得失：如个人收入、未来发展、健康状况等；

（2）他人物质得失：如家庭收入、家庭发展等；

（3）自我精神得失：如是否符合个人兴趣、生活方式改变、成就感等；

（4）他人精神得失：家人支持、与家人相处时间等。

3. 给每个指标标注权重

加权范围为1~5倍，即将各个指标按照其重要程度从1到5打分，5为非常重要。

4. 对照具体指标，填写每一指标的具体分数

每一个选项必定有好有坏，有得有失，根据各选项的每个指标的缺点、优点分别给以−10到+10的分数，算出每一指标的得失分数。

5. 计算系数，并且分别计算总分

这一步需要将每一指标的权重乘以其得失分，再将每一项的指标得分相加，即可得出每一选项的最终得分。

6. 分析与思考

一般而言，算出的最高分即为你的最佳选项。但平衡单注重的不仅仅是结果，过程同样也值得我们思考，在梳理选项、指标、打分的每一步，都是重新理清思路的过程。现实情况中，有的同学在平衡单做到一半的时候就已经决定了自己的选择，有的同学在做完之后对结果存在怀疑，于是再重新梳理选项分数，得出自己的最终选项。由此可见，生涯决策永远是个体自己决策的结果。

案例

孟肖的困惑

表6.3 孟肖的生涯决策平衡单

影响因素		加权分数	公务员	创业	出国
个人物质方面的得失	A.从事理想的职业	3	−1	5	2
	B.工作收入	3	5	1	−1
	C.职业发展前景	4	2	3	3
他人物质方面的得失	A. 给家人带来的经济收入	3	4	1	−2
	B. 给家人带来的社会地位	3	5	1	4

续·表6.3 孟肖的生涯决策平衡单

影响因素		加权分数	公务员	创业	出国
个人精神方面的得失	A. 兴趣	5	−3	5	3
	B. 能力	4	1	5	2
	C. 自我实现的程度	4	1	5	3
	D. 社会声望提高	1	5	1	4
他人精神方面的得失	A.符合父母期望	4	5	−2	2
	B.符合女友期望	4	−2	−2	5
总　计			57	86	88

孟肖的最终决定：现阶段跟女友一同出国，但自己的最终目标仍是创业，于是决定在国外学习商业知识，回国后以更稳定的基础进行创业。

生涯选择方格

吴芝仪（2008）认为，“生涯选择方格”是用来探索和了解个体在面临生涯选择时的想法的一项有用工具，其目的在于帮助你系统地理清并整理多样的生涯想法，从而判断或评估你的理想生涯，确定更恰当的目标。对于大学生的使用来说，一般步骤如下：

1. 列出自己的6个生涯选项

（1）毕业之后你可能考虑去做或你曾经想过会去做的两项工作或职业

（2）毕业之后你不会考虑去做或你曾经想过不会去做的两项工作或职业

（3）你或者你的亲友曾经做过或其他你熟悉的两项工作或职业

2. 列出生涯想法

从上述6个选项中，按照123、456、134、256、135、246的顺序，每次依次抽取三个选项，将每三个选项都进行一次比较。每一次比较之后都进行一次分析，在这三个选项中，有哪两个职业在某一方面有相同的特性，而这个特性恰好不同于第三个职业？由此找出你生涯选择的影响因素。

案例

小庄，女，会计专业大三学生，看看她如何填写自己的生涯方格吧！

表6.4 小庄的生涯方格

	1	2	3	4	5	6	7	
与理想生涯的相似程度 5 ← 4	银行职员	公务员	学校老师	企业会计	会计事务所	创业	理想生涯	与理想生涯的相似程度 2 → 1
工资水平高	3	3	2	4	5	3	5	工资水平低
工作时间固定	5	5	4	5	4	2	4	工作时间不固定
休闲时间多	1	3	5	2	1	1	3	休闲时间少
挑战性强	3	2	3	2	4	5	4	挑战性弱

通过比较，相对而言，会计师事务所的工作比较符合小庄对理想生涯的期待，只是在休闲时间上有些许差异。小庄认为，自己可以接受这一个方面的差异性，于是将事务所作为方案A，决定暑假先去事务所实习，收集更多工作信息。同时，小庄也将企业会计作为方案B，在了解真实的事务所环境之后，如果发现自己不适合、不擅长、不喜欢，可以选择方案B的计划实施。

3. 分析6个生涯选项

（1）从接近相似点的程度上来给各个生涯选项评分，5表示与理想生涯的相似程度很高，1表示与理想生涯的相似程度很低。

（2）同时，选择相似程度在理想生涯上的程度分数。

（3）归纳出你所期望的理想生涯应该具备哪些条件和特质，即生涯选择的影响因素。

（4）判断在列举的6个生涯选项中，哪一个最为接近你对理想生涯的构想。

判断方法：以“理想生涯”上的得分作为“基准点”，将每一个生涯选项的得分减去理想生涯的得分，即为该选项的“基准分数”。将该选项在各影响因素上的基准分数相加，即为该选项的“基准总分”。“基准总分”越低的选项，表明越接近“理想生涯”。

练一练

画一画自己的生涯方格

看完了小庄对自己生涯方格的解读，相信你已经明白了生涯方格的用法，下面让我们自己来试着列出一个自己的生涯方格吧！

1. 毕业之后你可能考虑去做，或你曾经想过会去做的两项工作或职业？

（1）________________ （2）________________

2. 毕业之后你不会考虑去做，或你曾经想过不会去做的两项工作或职业？

（1）________________ （2）________________

3. 你或者你的亲友曾经做过，或其他你熟悉的两项工作或职业？

（1）____________________（2）____________________

表6.5 我的生涯方格

	1	2	3	4	5	6	7	
相似程度 5 ← 4								差异程度 2 → 1

于是，我的最终决定是：

SWOT分析

SWOT分析是由哈佛商学院Albert S. Humphrey教授提出的，最早是为了解决企业发展问题而开发，后来被广泛应用到生涯决策当中，用以分析优劣势、探索机遇与风险，大学生在做生涯决策时也可利用这种方法来理清自身的生涯机会。

具体而言，SWOT为以下含义：

S：Strength，即优势，代表自己内在可利用的积极因素，如个人的专业知识与技能、实践经验、人格特质等。

W：Weakness，即劣势，指自己个体的弱点，或是可以改善的缺点，如性格弱点、经验缺乏、专业不对口等。

O：Opportunity，即机会，指外部积极因素，如招聘需求加大、新的就业方向和领域的开发等。

T：Threat，即威胁，指外部消极因素，如竞争者增加、专业需求减少、公司人员饱和等。

在分析完自身的SWOT之后，能够更全面地了解自己的内部情况与外部环境，对于生涯机会，可以选择改正或避免自身的不足与威胁，发挥自身的优势，主动把握机会。通过排列组合，个体有以下四种对策：

表6.6 内外环境及SWOT矩阵

内部环境 / 外部环境	优势（Strength）	劣势（Weakness）
机会（Opportunity）	S-O对策	W-O对策
威胁（Threat）	S-T对策	W-T对策

1. S-O对策。优势机会最大化，努力提高长板，突出优势。比如，学法律的同学同时英语基础较好，可以考虑将来从事外贸公司的法务，发挥自身优势，成为核心竞争力。

2. S-T对策。优势最大化，降低或避免威胁。利用自身优势将外部威胁的影响降到最低。例如，应届毕业生往往缺乏实践经验，但是我们可以利用自身扎实的专业基础、参加社团或学生会等组织的经验等，来弥补经验的不足。

3. W-O对策。重视把握机会、降低弱势影响力、改正自身弱点。例如，专业经验不足是弱势，而就业需求增大是机会，我们可以一方面通过实习增加专业经验，另一方面可通过多参加招聘会来获取更多的就业机会。

4. W-T对策。对于自身可控的弱点积极改正，同时避免威胁环境。例如，多参加集体和社交活动，增强与人的交往和沟通能力，提高自信心，构建良好的人际关系网络。

案例

金融专业研究生A某，女，平时专注于读书，因此各科目成绩较好，专业基础扎实，性格温和，但稍显内向，与人交往经验不足，目前想报考银行管理培训生。

表6.7 A某的SWOT分析

内部环境 / 外部环境		优势S	劣势W
		背景：研究生学历，专业成绩优秀； 经验：曾参与导师的专业项目获专家认可。	背景：性格内向； 经验：实习经验不足；人际交往能力不足；工作学习较为保守、创新性不够。
机会O	银行需专业型人才； 金融行业发展热度不减； 管培生需高学历。	S-O对策 ● 学习更多知识，提高专业知识竞争力； ● 往专业化人才方向发展。	W-O对策 ● 多参加校内外招聘会，积累实践经验，提高自信心。
威胁T	复合型人才的竞争力威胁； 其他名校毕业生的竞争； 就业形势严峻，银行招聘量减少。	S-T对策 ● 广泛参加招聘会，争取更多就业机会； ● 不断进修学习； ● 发挥科目优势，如英语； ● 利用较强的学习能力，加强实践类活动的学习。	W-T对策 ● 多参加集体活动，增强人际交往能力； ● 延伸知识面，例如计算机、法律等，增强复合型能力。

练一练

SWOT是不同于生涯方格的另一种方法，试着从这个角度来看一下自己的优势劣势，看看自己的生涯机会在哪里吧！

表6.8 我的SWOT分析

内部环境 / 外部环境		优势S	劣势W
机会O		S-O对策（使用优势取得机会）	W-O对策（提取有利条件克服劣势）
威胁T		S-T对策（利用优势避免威胁）	W-T对策（减少劣势避免威胁）

职业生涯发展规划

内外职业生涯发展规划

1. 概念解析

美国著名职业生涯管理研究专家薛恩（E. H. Skein）教授认为职业生涯包括客观与主观两个方面的含义，提出内职业生涯和外职业生涯。

关键词

● 内职业生涯

也称为“主观职业生涯”，它表示的是职业生涯主观特性的概念，具体指从事一项职业时所具备的知识观念、心理、素质、能力、内心感受等因素的组合及其变化过程。内职业生涯渗透在职业生涯的全部活动中，难以直接被观察到。

● 外职业生涯

也称为“客观职业生涯”，它表示职业生涯客观特征的概念，是个体在工作时期进行的各种活动和行为的连续体。具体指从事一项职业时的工作时间、工作单位、工作地点、工作内容、工作任务、工作环境、工作职务、工资待遇等因素的组合及其变化过程，外职业生涯是可以被观察的。

2. 关系解析

大学阶段的职业生涯发展核心是内职业生涯，它涉及个人的价值观、态度、需要、气质、能力和发展趋向等。所以这要求大学生们要努力学习专业知识，同时重视能力锻炼，健全心理素质，培养内职业生涯发展的各项能力与素质，为外职业生涯的发展打下坚实的基础。

内职业生涯的发展是外职业生涯发展的前提，内职业生涯发展带动外职业生涯的发展。与外职业生涯相比，内职业生涯更多地关注个人所取得的成功、满足个体主观情感，同时维持工作事务与家庭义务等其他需求的平衡。外职业生涯因素匮乏，只是去追求外职业生涯内容的人，往往会陷于痛苦之中，产生不公平、抱怨的想法。

外职业生涯会为我们的职业发展提供动力和支持。它受社会环境所影响，是外部世界所给予的，同样也容易被别人否认或者收回。比如晋升，除了自己的能力之外，还要看外部环境有没有这个机会，自己的才能有没有被人重视等。

生涯规划不仅仅是选择工作，更重要的是经营我们的人生。接下来所讲的职业发展，都是以内职业生涯作为核心，辅以外职业生涯的支持而形成的。在我们的职业发展道路上，内、外职业生涯是共同促进整个生涯不断前进发展的。

拓展阅读

打开你观念的抽屉（李宁，2003）

一天，报社的一位年轻记者去采访日本著名的企业家松下幸之助。年轻人很珍惜这次采访机会，做了认真的准备。因此，他与松下幸之助先生谈得很愉快。

采访结束后，松下先生亲切地问年轻人:“你一个月的薪水是多少?”

“薪水很少，一个月才一万日元。”年轻人不好意思地回答。

“很好！虽然你现在薪水只有一万日元，但你知道吗，你的薪水其实远远不止这一万日元。”松下先生微笑着对年轻人说。年轻人听后感到有些奇怪。看到年轻人一脸疑惑，松下接着说：“小伙子，你要知道，你今天能争取到采访我，明天也就同样能争取到采访其他名人的机会，这就证明你在采访方面有了一定的潜力。如果你能多积累这方面的才能与经验，那么，这就好比把钱存进了银行，等到将来，你就会得到连本带利的回报。”松下先生的一番话，使年轻人茅塞顿开。许多年后，已经做了报社社长的年轻人在回忆松下先生的话时深有感触。

观念的转变其实就是人生价值的转变，它像一个待拉开的抽屉，一旦拉开这种封闭的抽屉，你会发现，注重才能的积累远比薪水的多少重要。因为它才是每个人最厚重的生存资本。

生涯发展阶段

发现你的彩虹人生

Super（1980）提出了生涯彩虹图的概念，六种不同的颜色就代表了六个不同的生涯角色，下面让我们一起看一下彩虹图的结构吧！

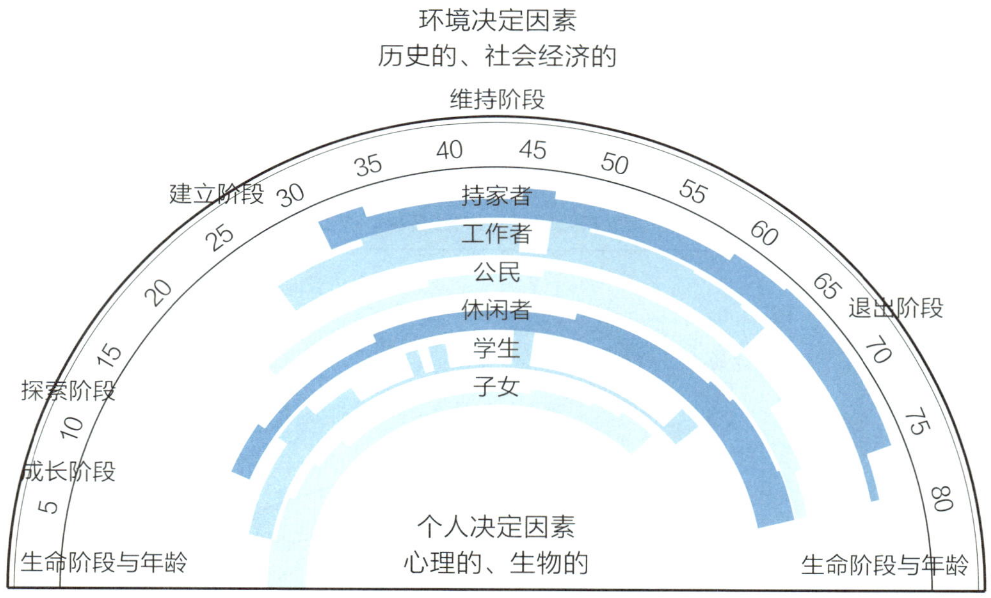

图6.4 生涯彩虹图（Super，1984，p.201）

1. 彩虹外围——时间

指我们的年龄以及主要发展阶段，Super将其分成五个阶段，分别为成长期（0~14岁）、探索期（15~24岁）、建立期（25~44岁）、维持期（45~64岁）、卸任期（65岁之后）。同时，在同一阶段内也会有不同的任务。

2. 彩虹的长度——生命角色长度

Super认为我们一生中会扮演6种主要的角色，子女、学生、休闲者、公民、工作者、持家者，我们终其一生要扮演这6种不同的集中角色，每个人的每种角色开始时间和结束时间都有所不同。

3. 彩虹的宽度——角色投入程度

在同一个年龄段上，每个人都同时扮演着几个角色，但是他在每个角色上的投入程度是不一样的，彩虹条的宽度越宽，代表该角色上的投入程度越高。

表6.9 成人前期的发展任务（金树人，2007）

发展阶段	成长期	探索期	建立期	维持期	卸任期
发展任务	和别人发生关联	找到机会做自己想做的工作	安定于一个永久的职位	使目前的职位安全	减少运动

练一练

画画你的生涯彩虹图：

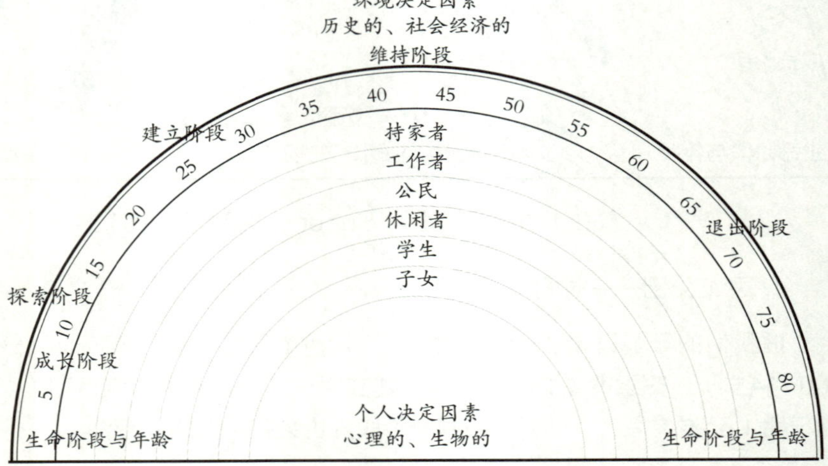

图6.5 自绘生涯彩虹图

判断职业生涯发展类型

人人都有自我实现的需要，每个职场人也有职业发展的需要，由于个人目标、能力、机会、可利用的资源、岗位和行业特征等因素各异，各人的职业发展有不同模式。洪凤仪（1998）将职业发展路径分成以下七种：

1. 步步高升型

步步高升型意味着在同一个组织内，认真工作，即使工作地点或工作内容因工作单位的需要而有所改变，但是工作表现仍受主管的肯定而步步高升。

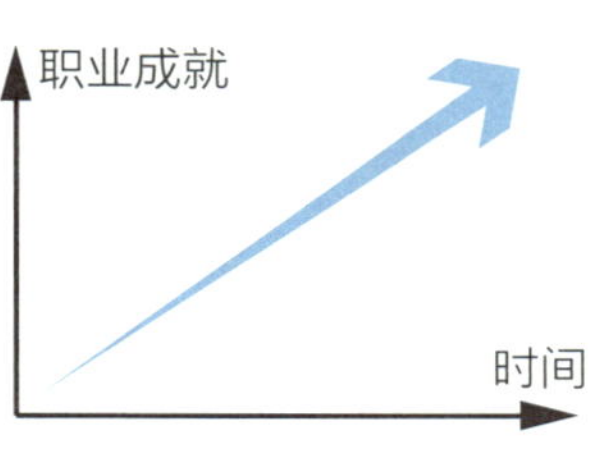

图6.6 步步高升型

2. 阅历丰富型

阅历丰富型表明有职业生涯转换的经历，例如换过不少工作，待过很多家的机构，工作的内容差异性很大，但勇于改变与创新，而且学习力强，能面对各种突发的状况。

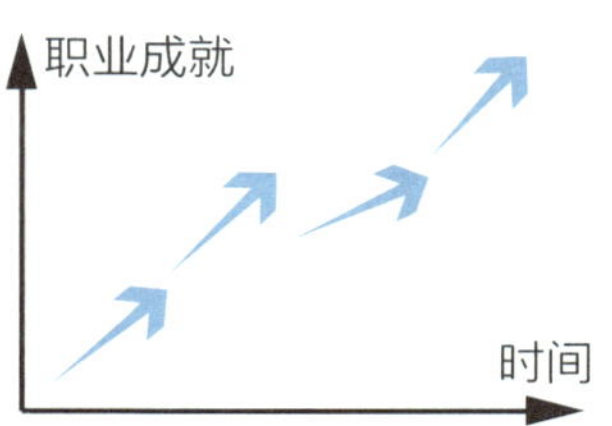

图6.7 阅历丰富型

(注：每一枝杈表示不同职业)

3. 稳扎稳打型

稳扎稳打型的人在工作初期处于探索阶段，工作转换较为频繁。经过一连串的尝试与努力之后，终于进入自己所向往的工作与机构，虽然升迁与发展有限，但是非常稳定，例如教职、政府机关、邮局、银行等。

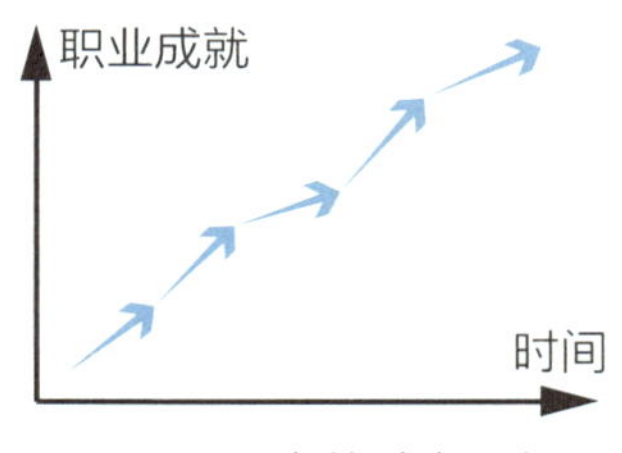

图6.8 稳扎稳打型

4. 愈战愈勇型

愈战愈勇型的生涯发展已有明确的方向，但是因

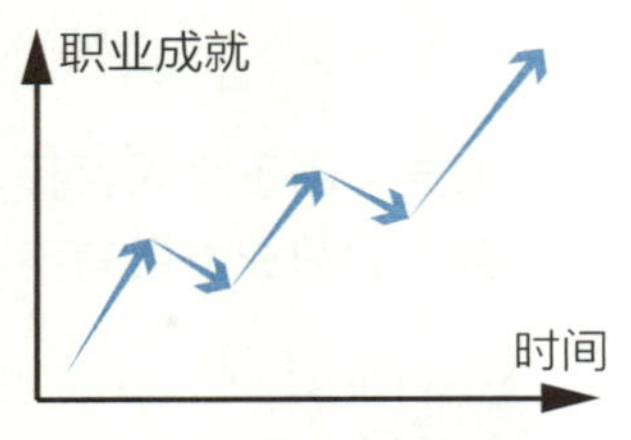

图6.9 愈战愈勇型

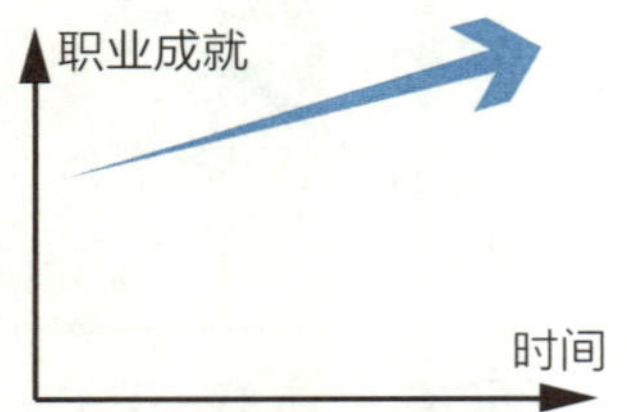

图6.10 得天独厚型

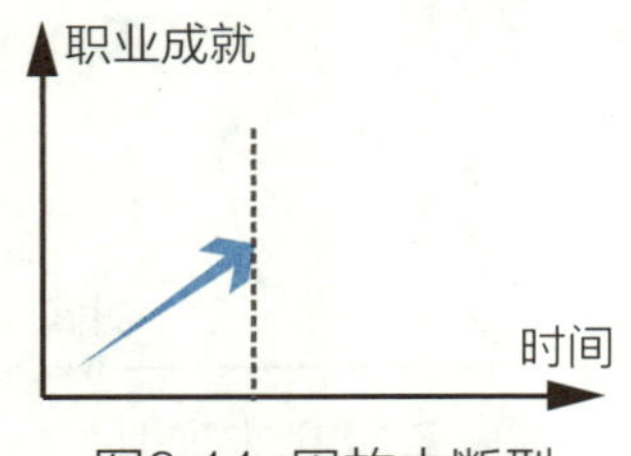

图6.11 因故中断型

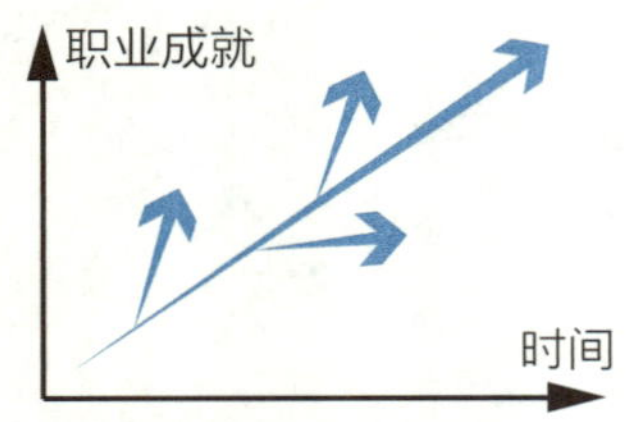

图6.12 一心多用型
(注：每一枝杈表示同时从事其他职业)

为某些原因而受到打击。挫败之后，凭自己的毅力与能力，积极地往上爬，以更成熟的个性面临挑战，最终工作中的成就远超过从前。

5. 得天独厚型

得天独厚型的工作生涯，并没有花太多的时间在探索与尝试，反而因为家庭的关系很早就确定方向。经过刻意的栽培与巧妙的安排，进入公司的决策核心，并将组织发展与个人生涯密切结合。企业家的第二代就是最明显的例子。

6. 因故中断型

生涯因故中断型是指连续性的生涯发展因为某些因素而停顿，处于静止或衰退的状态。例如：身体有重病的人、因生儿育女离开职场的女性、因照顾家庭而不能全职工作的人士等。

7. 一心多用型

一心多用型一般在工作做久了，出现职业倦怠或者缺乏新鲜感时，有的人就会在工作之余，做其他自己感兴趣并有能力从事的工作，寻找平衡点，丰富生活。

职业生涯路径

人生的道路有千万种，每一步都有可能改变你接下来的方向，上一节叙述了生涯决策的方法，确定了生涯目标之后，我们面临的就是如何一步一步走下去的问题。每一个阶段我们都有不同的生涯目标，也会有不同的路径图，下面会介绍小A在不同阶段的困惑。你现在又处在哪个阶段呢？

怎么办

小A同学正值大三，会计专业在读，面临着就业或者考研的选择，她自己也没办法决定到底如何做，谁能告诉她呢？

按照图6.13的路径，从左到右，从上到下，试着画出自己的方向看看！

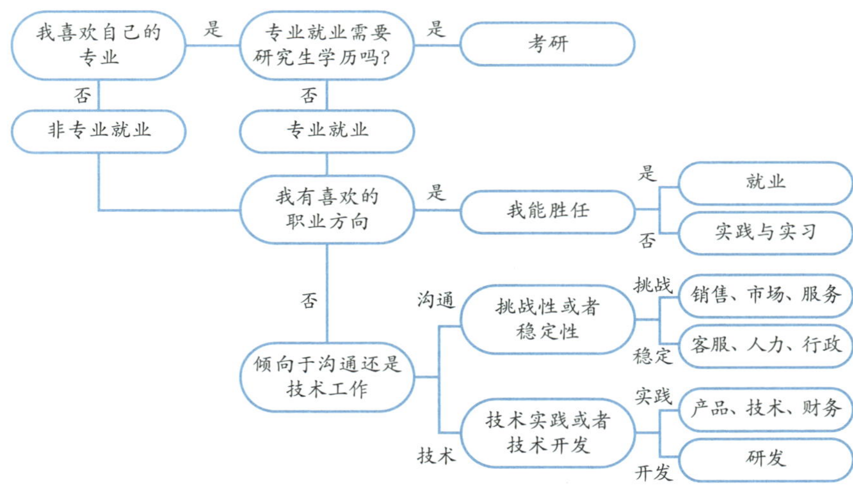

图6.13 小A的生涯选择路径

资料来源：北森

怎么办

小A同学通过上述方法，已经决定了直接就业，并从事财务类工作。可这时她又为难了，怎么做才能够一步一步地接近自己的目标呢？

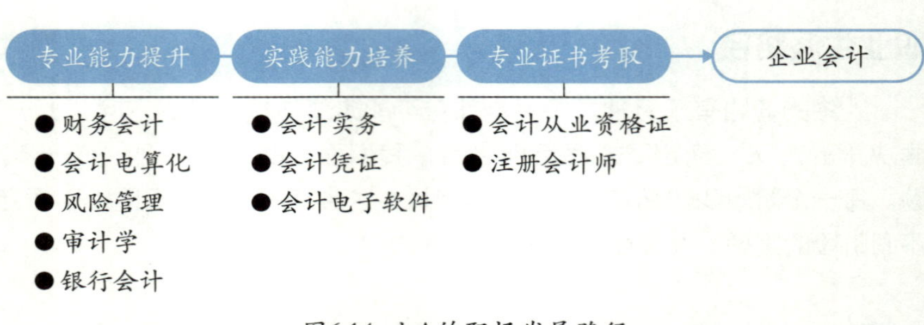

图6.14 小A的职场发展路径

小A已经规划好了最近两年的生涯规划与路径，决定通过专业能力、实践能力、考取证书这三个方面来一步步迈向自己的生涯目标。当小A顺利进入公司，当上一名企业会计，她又开始思考，企业内的发展路径又是什么样子的呢？

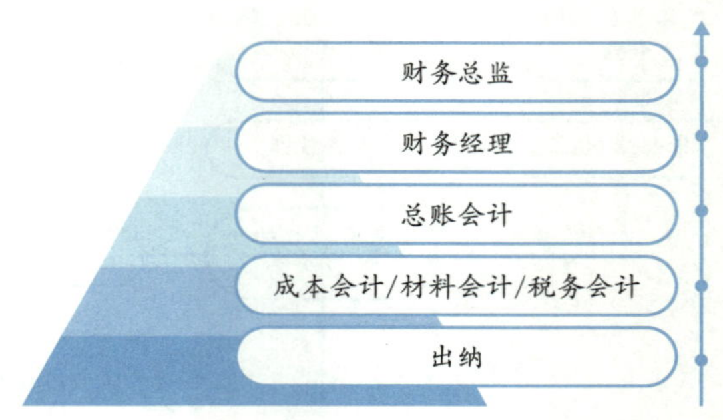

图6.15 一般会计人员职业发展路径

注：上图给出的是一般情况下会计人员的职业发展路径，在有的企业内，出纳有可能发展为专业的资金主管、资金经理等。

通过不断地梳理自己的职业发展脉络，小A一步一步地向自己的生涯目标前行，从毕业、择业到工作，我们每个人都可以梳理出自己不同阶段的职业发展路径，现在开始，你也可以为自己画一幅职业发展图了！

拓展阅读

诸葛亮可谓是《三国演义》中的风云人物，一生跌宕起伏，如果我们总结他一生的职业发展，那么又会是什么样子呢？图6.16根据诸葛亮的人生轨迹，画出了他整个一生的职业路径，大家一起来看看吧！

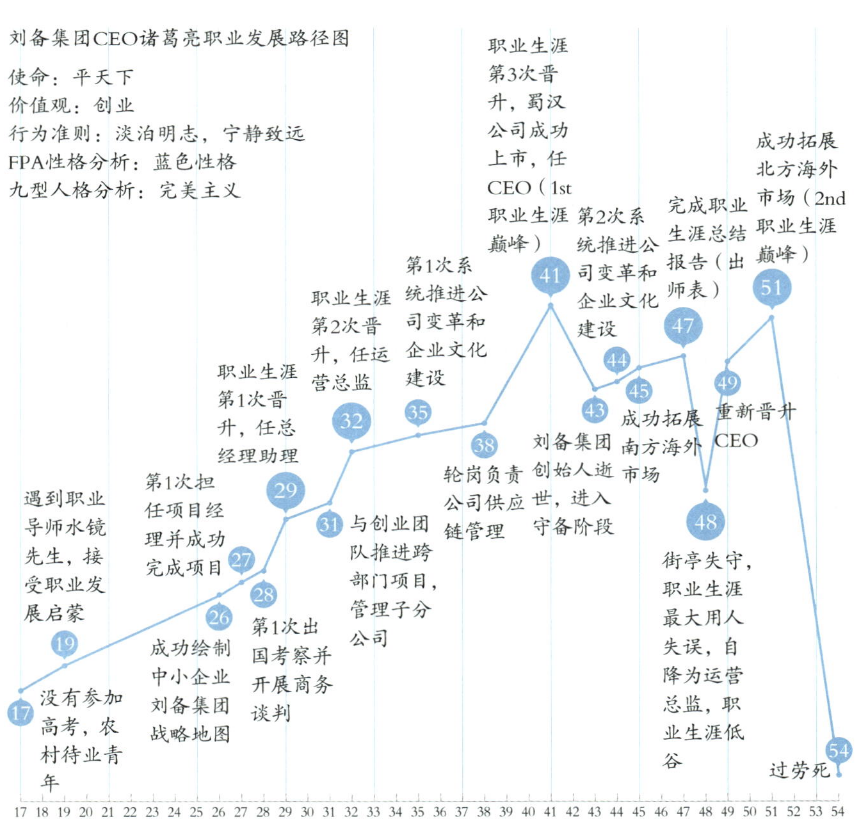

图6.16 诸葛亮的职业发展路径（可德，2011）

生涯管理的N个技能

积极心理学观

积极心理学是20世纪90年代美国心理学家塞里格曼（Martin E.P. Seligman）等人倡导的一个新的心理学研究领域，它关注人类美德、力量等积极品质，研究人的积极的情绪体验、认知过程、人格特征以及创造力。积极心理学作为一种全新的心理学理念，是对“消极心理学”的深刻反思与超越。

那么积极心理学观对我们的职业生涯发展又有什么样的作用呢?

积极心理学与传统职业生涯规划指导最大的不同在于，积极心理学并不强调个体的不足与缺陷，而是关注个体的发展空间，注重个人的潜能与全面发展，以及未来道路的构建与前进的动力。因此，将积极心理学应用于大学生职业生涯规划，可以使我们从更加广阔的视角和正面的态度来看待自身职业生涯的发展，用更加科学的方式进行职业生涯规划。

挖掘你的亮点

我们需要通过各种不同的方式来了解自我，例如霍兰德职业兴趣、MBTI职业性格、职业价值观等。在职业生涯规划中，我们普遍会采用这种心理测验的方式来了解自己和进行自我评价，以了解自己适合在哪个领域发展。

现实中也往往会碰到兴趣与职业不匹配的情况。例如，你喜欢的是与人打交道的工作，但是现在的工作却是整天待在办公室，这样的你一定觉得这份工作糟糕透了。但当现实没有给你过多的选择时，我们能改变的只有自己的想法。所以，我们需要运用积极心理学去进一步思考：“我能发展什么？”，“如何运用自己的能力？”等，而不需要被“我拥有什么？”的观点所局限，这种思考方式会对发现个人优势与潜能做更为积极的探索。

在生涯发展中确实会有很多迷茫和不确定的时候，这时，更多的找寻自身的亮点，最终将自己的亮点逐渐发展成为你的核心竞争力。

换个框框来思考

你认为世界上所有的事情都是有意义的吗？其实，世界上的事本身是没有意义的，所有的意义，都是我们赋予的。那么这意味着，它可以有不好的意义，同样，也可以有好的意义，只要我们换个思维框架来思考，也就是换框法。换框法告诉我们，同一件事情里面总有不止一个意义包含其中。找出其中最能给自己帮助的意义，便可以把事情的价值改变，使事情由绊脚石变为踏脚石，自己因而有所提升。寻找事物带给我们的价值，改变对事情的看法，就是换框法的意义所在。

举例而言，在如火如荼找工作的9月，你的好朋友找到你，跟你说“我找不到工作”，这时你会怎么办？利用换框法，你可以从以下几个方面来思考：

1. 改写：“我只是到现在为止，还没能找到工作”。未来具有无限的可能性，当我们把一件事情归在现在或是过去情境里的时候，潜意识里就是在告诉你，未来是可以改变的。

2. 找因果：“因为之前我的简历没有匹配该用人单位的岗位要求，所以这份工作没有录取我”。如果你是单纯地在叙述“我找不到工作”这一点，很容易将原因归因成“我能力差”“公司都看不上我”这种内在归因。而对失败进行内在归因，往往是降低个人自我效能感的做法，会让自己变得缺乏自信、低落，不敢去面对下一个挑战。而当我们将原因归结为外部原因，那么我们很容易去改变它，从而获得更好的结果。

3. 假设：“如果我修改了我的简历，我就能够获得第二轮面试的通知”。假设的目的在于暗示我们，一定可以做到，不少同学在找工作期间迷茫不知所措，而假设则可以帮助我们积极探索自己可能改变的内在与外在归因，从而更好地提升自我效能，进行下一步的规划。

4. 指向未来：“我明天会找老师修改简历”。未来意味着我们有了清晰可行的方法与途径，行动永远是最好的治愈，行动发生了，才有可能带来正向的改变与发展。

上述的每一条都是一个价值的改变，创造了新的价值，或者使本来的价值增强或者转移了，这说明了信念必须有价值的支持，而当价值改变了，信念也就能改变，更多的给自己传递正面的信念，拥有更加积极幸福的职业生涯。

生命平衡轮

生命平衡轮可以帮助我们了解现阶段生涯不同层面的状态，最终目的是需要我们通过各种手段将其发展成平衡状态。一般而言，平衡轮的概念包括以下三个含义：

1. 一个目标的实现需要相关方面的支持，就像一个轮子想要转动，就需要链条的支持一样。

2. 平衡轮就像是一架照相机，可以拍到当下时刻关于目标相关方面的真实情况。

3. 让决策者认识到，目前这些相关方面所呈现的状态如何，如果想让轮子转动，需要这些链条长短一致、强度一致，同样，我们想要实现目标，需要每个方面均衡发展。

如果你也想画出自己的生命平衡轮，可以通过以下几个步骤：

1. 列出生活中个人认为比较重要的领域，从中选取8个最为重要的领域；

2. 画一个圆，8等分，将自己认为重要的8个领域写进扇形中；

3. 问自己“现在我对这个方面的满意程度是多少？”，打分范围为1~10分。

由此，你就形成了自己的生命平衡轮，示例如图6.17所示：

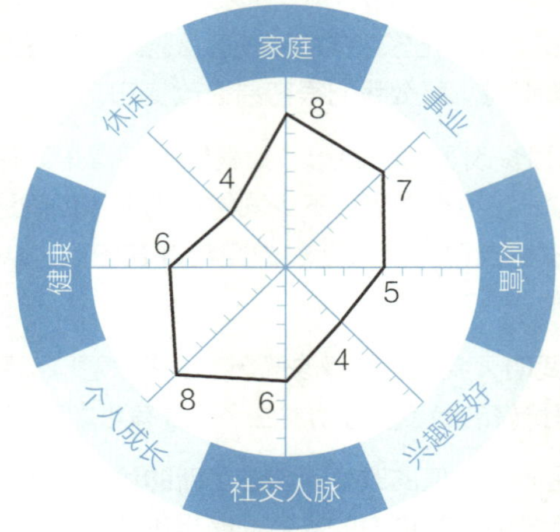

图6.17 我的生命平衡轮

当然在画出平衡轮之后，你也可以问自己以下几个问题：

- 你注意到了什么？或者你觉察到了什么？
- 你对你现在的生活有多满意？
- 你要改变什么？
- 它们的优先顺序是怎样的？该如何调整？
- 有哪些部分是需要立即注意的？
- 采取什么行动会改变这个部分？如果改变后，你的生活会有什么不同？
- 实施行动的过程中，你觉得障碍是什么？

通过以上的步骤，我们可以了解自己现在的状态以及需要行动的方向，生涯是由不同的领域、角色共同构建而成的，只有均衡、协调发展，才能使我们的生涯方向像车轮一样，顺利平滑地向前驶去。

目标管理

学校老师经常会碰到有这样问题的学生："老师，为了毕业后能找份好工作，我现在应该做哪些准备？"

是不是觉得这位学生积极主动地想提高就业能力，是个不错的举动?

于是老师问道："那你先告诉我，你毕业之后想做什么工作？"

学生摇摇头："这个还没想清楚……"

老师只能说："我恐怕没办法给你提建议了。"

只有知道你要去哪里，才能知道往哪条路走比较方便，也才能知道你要做什么准备工作。这就是目标的作用，没有目标的行动就像无头苍蝇一般，没有方向，没有重点，更加没有效果。

1. 设定目标

通过生涯决策的方法我们能够初步确定我们的生涯目标，但这个目标不能泛泛而定，设定目标的原则为SMART原则：

S——Specific，目标要具体。即定目标要具体而且聚焦、要能够清楚地说明要达成的行为标准。举例而言，目标是"我要具有良好的英语能力"，这就是不够具体，缺乏聚焦点。符合S原则的目标应该是"我要让我的英语四级考试达到500分以上"。

M——Measurable，目标要可量化。目标只有可量化，我们才能评估完成情况。如果目标仅仅是"好好复习注册会计师考试"，那么首先，我们没办法判断怎么样算是达到"好好复习"的标准；其次，我们没有办法衡量短、中、长期的目标完成情况；再次，对将来制作简历而言，"好好复习注册会计师考试"永远没有"通过注册会计师考试并取得证书"更有说服力。

A——Achievable，目标要可实现。也就是说，设定的目标应当是"可达成的"。第一，目标不能太多，太多目标相当于没有目标；第二，目标不能过高或过低，没办法完成或是太轻易就能达到的目标也相当于没有目标。让一个小学生制定"通过司法考试"这样的目标显然是不恰当的。

R——Realistic，目标要有现实性。目标的设定要考虑和环境、自身等多种因素的相关性，要务实并具有可能性。这时的目标就相当于是树上那颗需要我们努力跃起几次才能摘到的苹果。衡量现阶段我们的起点与周围可利用的资源，客观理性地制订符合现实的目标。

T——Time bounded，目标要有时限性。任何一个目标的设定都应该考虑时间的限定。也就是说，所有的目标都要有deadline，要设定完成的时限。例如，“我一定要拿到会计从业资格证”，目标很明确，但是这个目标是一年内完成还是十年内完成呢？如果不设定一个时间，总会难以克服惰性。在设定目标时可以尝试加入外部约束和外部督促，例如，报名参加某个时间点的考试、跟朋友一起互相督促学习等。

练一练

不少财经类的学生都会在大学期间考各种金融行业的资格证书，希望以此作为金融行业的“敲门砖”以及自己能力的辅助证明。祖新也是这样一名学生，他就读于金融学专业，今年本科大三，平时专业学习刻苦，英语基础较好，现在想提高自己的专业能力，你能帮他制定符合SMART原则的目标吗？

表6.10 SMART原则练习表

S	具体	
M	量化	
A	可实现	
R	现实性	
T	时限	

案例

祖新通过老师的帮助，也为自己列出来了一个目标计划表，看看你们执行的有什么异同呢？

表6.11 SMART原则示例

普通目标	SMART原则目标		
证明专业能力	S	具体	通过CFA一级
进一步提高专业知识水平	M	量化	CFA至少5门以上科目A通过

续·表6.11 SMART原则示例

普通目标	SMART原则目标		
一定要保证完成工作	A	可实现	大学三年级12月份报名考试
争取拿到所有金融专业相关证书	R	现实性	对于金融专业的学生而言，CFA具有一定的含金量与挑战性
复习好了就报名	T	时限	大学四年级的6月份通过CFA考试

2. 细化目标

再远大的目标也需要我们一步一步地的去实现，这就需要我们把目标进行分解，再逐步进行实现。

（1）按性质分解目标

目标可以分为外职业生涯目标、内职业生涯目标。

外职业生涯目标一般是具体的，包括工作单位、工作内容、工作职务、工作环境、经济收入、工作地点等，侧重于职业过程的外在标记。例如，“毕业两年后年薪达到十万”“找到外企审计岗位的工作”等。

内职业生涯目标一般包括知识、经验、观念、感受、工作能力、心理素质等，主要是内部因素。例如，“学习新一节的财务管理知识”。

练一练

下面的目标是某高校学生会外联部长为自己设计的一系列目标，请按性质进行归类：

A. 为接下来的一场活动拉到3 000元的赞助；

B. 与负责老师沟通活动进展，锻炼沟通能力；

C. 完善外联部干事管理制度规章；

D. 成功申请明年学生会副主席的职务；

E. 毕业后找到在家乡的企业工作；

F. 提高自己管理团队的能力；

G. 继续专业课程的学习，巩固知识；

H. 两年内具备一个求职者基本的职业能力和素质。

其中：

1. 属于外职业目标的有哪几项？

____

2. 属于内职业目标的有哪几项？

____

参考答案：1．A、C、D、E　　2．B、F、G、H

（2）按时间分解目标

目标可以分成以下四类：

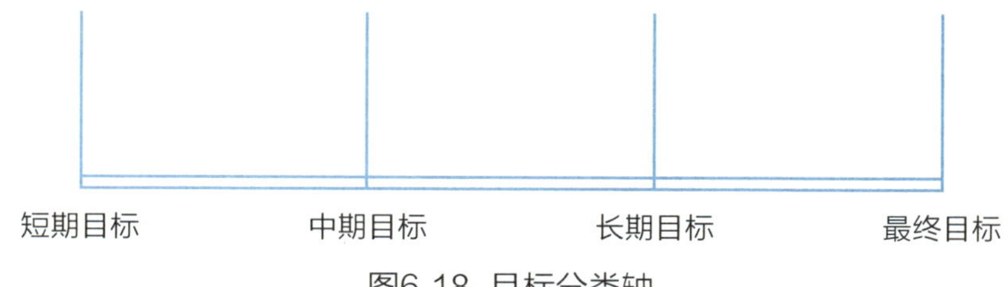

图6.18 目标分类轴

短期目标可以是1~2年的目标，也可以是一天、一周、一个月，它是服从于中期目标，根据其他目标而定的。例如，“今天背50个四级单词”。

中期目标可以是3~5年的目标，例如，“大学毕业后继续深造，考取本专业研究生”。

长期目标可以看成10年以后的目标，十年后的事业、家庭分别如何。

最终目标可以理解为你的人生目标，人生想成为什么样的人。

案例

按照上述目标分类情况，给出如下示例：

表6.12 我的目标分解表

目标	内容（需再逐步细化）
最终目标	成为该领域的一名权威专家； 发挥自己在专业上的优势和特长。
长期目标	被别人认可的社会地位； 家庭和睦，健康水平高； 收入达到同行领先水平。
中期目标	将十年计划进一步具体，把目标进一步分解； 制订明年计划的步骤、方法、时间表。
短期目标	月计划：下个月的工作，财务上的收支，学习计划，人际计划等； 日计划：明天要做的事情，写出6条明天要做的事情，按轻重缓急排序，制定出执行的顺序和相应事情对应的时间。

3. 实施目标

目标实施的关键在于时间管理，即控制时间执行计划。

网络上曾经有人用鲁迅的四本小说来概括大学生四年的状态：大一——《彷徨》；大二——《呐喊》；大三——《伤逝》；大四——《朝花夕拾》，用以告诫大学生珍惜时间，即使你为你的大学四年制订了完美的计划，没有管理时间去实施计划，一切还是空谈。

我们在实施计划的时候，会面临各种各样的事情，时间管理会帮助我们更有效地处理事务，集中于完成目标。一种简单而有效的做法是将日常工作划分优先顺序，按照重要性和紧急性进行分配。一般而言，我们可以将日常事务分为以下四个方面：

职业生涯规划与管理

（1）重要且紧急的事务。这类重要程度高又紧迫的事情要马上并且认真地去做。一般都属于我们短期目标中的一部分。

（2）重要不紧急的事务。这类事务一般是长远的目标或是需要一定积累的，这类事情如果不做完，将会累积更多的重要又紧急的事务。

（3）不重要但紧急的事务。时间压力较高所导致的必须要完成的事务。

（4）不重要不紧急的事务。不是一定要去做的事情，比如漫无目的地打电话等，这类任务会干扰我们目标的达成。

表6.13列出了一些常见事务的分类，对照看看自己是否能够判断事情的轻重缓急、恰当地支配自己的时间呢?

表6.13 事情分类表

	重要的事	不重要的事
紧急的事	急：复习考试 / 限期完成的工作 / 迫切的问题 / 计划好的会议 / 家人生病	轻：干扰、某些电话 / 临时客人到访 / 做饭 / 临时邀约 / 有些无谓的请托 / 某些信件、报告
不紧急的事	重：做计划，长远规划 / 运动锻炼 / 人际关系的建立 / 准备下周面试新工作 / 预防措施 / 抓住新机会	缓：不必要的交际应酬 / 自我干扰 / 看电视、打游戏 / 与朋友闲聊 / 找东西 / 等人

对待这四种类型的事务，你会怎么进行时间分配呢?

我们首先想到的一定是把时间集中用于既重要又紧急的事情上面，但是，高效的时间管理方法却是：把更多的时间放在重要但不紧急的事情上，如果你将重要但不紧急的事情做完了，那么会大大减少重要又紧急的事情，也会提高目标完成的质量。

因此，根据帕累托法则，提出了以下几种方案：

（1）紧急且重要的事务：一定减少（10%）。越紧急的事情我们会做得越有效率，但紧急的事情多了也会影响目标完成的质量，因此紧急重要的事情要尽量减少。

（2）重要但不紧急的事务：最为重视（80%）。这类事务一般是长远的，所以需要我们分配80%的时间去完成。一旦重要但不紧急的事务处理好了，那么重要且紧急的事务会越来越少，我们的时间也会更加有余。

（3）紧急但不重要的事务：委托授权（10%）。紧急但不重要的事务可以委托对该事务较了解或者时间较空闲的人，或授权给下属负责。

（4）不紧急也不重要的事务：尽力放弃（0%）。不必要的事务我们要尽量减少或者不做，尤其在你还面临着其他更重要的事务的时候。

练一练

试试看将你最近的学习任务按优先顺序分类吧！

表6.14 我的事情分类表

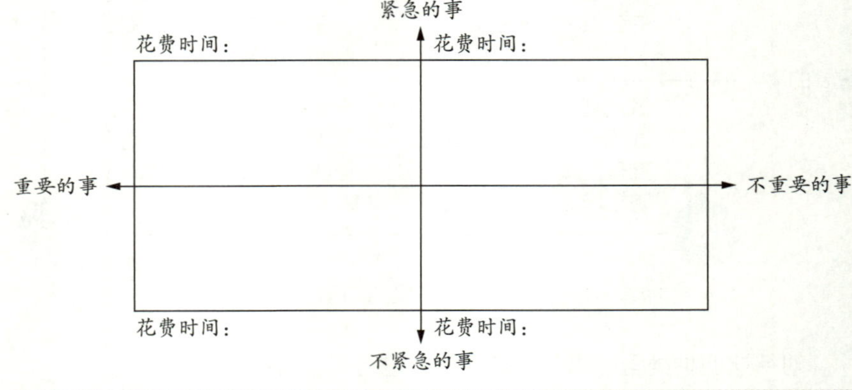

最后，送给大家一句话，做好紧急但不重要的事不是本能，因为有人Push；做好重要不紧急的事才是能力，因为只有自己Push自己！

情商训练

人们常常会提出IQ和EQ的概念，IQ指的是智商，而EQ指的则是情商，也就是情绪智力。情商对我们的职业生涯有着重要的影响。情商低的人在面对情绪到来时处理不当，轻的影响日常工作，重的会让自己的人际关系受到损害，让自己身心疲惫。而情商高的人可以更好地觉察自身，与外部世界进行良好的沟通，从而能够更好地适应和调整职业生涯的状态。

1990年，耶鲁大学心理学教授彼得·萨洛维（Peter Salovey）和新罕布什尔大学心理学教授约翰·梅耶（John Mayer）首先提出了“情绪智力”（Emotional Intelligence）的概念，将其定义为“监控自己和他人的情感与情绪，对其加以识别，并用得到的信息指导自己的思维和行动的能力”。

1997年，他们对情绪智力的定义进行了修正，认为情绪智力应包括四个维度，即准确地感知自身和他人情绪的能力、利用情绪帮助思考和形成决定的能力、能够理解自身和他人情绪的能力、有效地管理自己和他人情绪的能力。

识别情绪

人类的基本情绪有四种，分别是喜、怒、哀、惧，这四种基本情绪构成了我们丰富的情感元素及旺盛的生命力。

不了解自己真实感受的人不会控制自己的情绪，但是掌握感觉才能主宰生活，面对人生中的大事才能有所抉择。情绪的管理必须建立在自我认识的基础之上，这方面能力较差的人常与情绪斗争，掌握自如的人能很快走出情绪的低潮。

有许多人认为：“人不应该有情绪”，所以不肯承认自己有负面的情绪，因此大多数人很喜欢欺骗自己。例如，有时你会讲：“我没生气”、“我不在意”，但实际上却是很生气、很在意。我们可以对别人说谎，但当我们跟自己内心对话时，应该要更诚实地面对会生气、会在意的自己，坦诚地接纳自己，时时提醒自己注意“我现在的情绪是什么？”。善于识别情绪是管理情绪的第一步。

管理情绪

1. 学会表达情绪

情绪如果不表达出来，积压在内心，会造成更严重的后果，情绪是没有好坏之分的，有情绪就大胆表达出来，当然，也要注意表达的方法。

案例

大学宿舍里经常会有摩擦和冲突产生，此时更要注重我们的情绪表达。

情境：宿舍室友晚上很晚睡觉，经常弄出一些响声让人无法入睡，导致你很生气。

分析：不擅长表达情绪的人可能会从其他方面表现自己的不满,例如自己也弄出很大声响，日常的其他事情上透露出对室友的不满，但是这类行为并不能正面地促进根本原因的解决，甚至有可能会导致人际关系的进一步恶化。较好的做法应该是委婉并客观地告诉室友，你最近因为这件事情导致自己没办法好好睡觉，感觉很不好，同时也很担心她睡觉太晚会对身体不好。

2. 合理抒发情绪

抒发情绪的方法有很多种，一般主要有以下几种：

- 认真经营个人的亲密关系（父母、手足、配偶、知己好友）。
- 向好友倾诉。
- 把情绪经验书写下来或画出来。
- 深呼吸、肌肉放松、冥想坐、适宜的运动。

3. 改变非理性思考

拓展阅读

“人不是被事情困扰住，而是被对那件事情的看法困扰住。”

——斯多葛学派哲学家Epictetus

心理学的认知疗法指出“你的想法造成你的感受”，你的“想法”才是主宰你情绪的关键，负面情绪大部分是由自己决定或选择才会发生。我们常常会犯的错误就是容易以非理性的想法来看发生在自己身上的事情。

在工作中也会隐藏你的谬误观念，例如，不恰当的希望或者强求：“你应该……”“每个人都做得比我好……”，不合逻辑的推断：“这个项目如果没有完成，我就完蛋了”。错误的想法带出了错误的情绪，却无法改变现状事实。

表6.15 非理性想法

非理性想法	合理的想法
● 我必须很能干、完美，而且在各方面都很有成就才行；“我连这种小事都做不好还能做好什么”。	● 事情做得好，各方面都有所成就，当然是最好，但人难免会犯错，总会有缺点。
● 有些人是坏的、卑劣的，做了一些错误的、邪恶的事，应该受到严厉的批评与惩罚。 ● 他们竟然这样对待我，“他做出了这种事竟然还能留下来”，他们这样对我是不公平的。	● 做错事的确不太好，但若他人（或自己）做了不对的行为，就认为是完全没有价值的人，应受到严厉责罚，这就不太合理了。 ● 没有人理应照顾你、保护你的。
● 事情都应该是自己所喜欢或期待的样子，假如发生的事不是自己所期待或自己所喜欢的，就很糟；“他不听我的意见坚持这么做一定会后悔的”。	● 世事无常，人们有权利按照他们想要的方式行动，而非一定要按照我们想的方式去做。 ● 世界上既然有形形色色的人，世事的演变又怎能符合每个人的愿望呢？事实就是事实，为什么一定非照自己所喜欢的样子不可呢？ ● 如果遭遇到不愉快，把它当作一种经验或对自己的挑战，能改善则尽力为之，若不能改善则要接受事实。

仔细想想，你是否也有过以上这些非理性的想法呢?

在职业生涯中，如果我们也能从不利的事情中看到有利的一面，在消极的环境中看到积极的因素，就不会在非理性的沼泽中越陷越深。

技能GET

改善人际关系的基本技能——赞美（徐强，2013）

情商训练中还有很重要的一点即为人际沟通，在人际沟通中，善用赞美会让你获得更多的友善与支持，帮助你提高人际交往的能力，在这里，介绍FFC法则。

所谓FFC，是你的夸奖中应该包含的3个要素：

1. Feeling：感受；

2. Fact：事实；

3. Compare：对比。

例如：你的服务很棒！只有一个F：感受。

如果我们这样说："你的服务很赞啊。每次杯里的水剩的不多时，你就补上了。其他人通常是等我要求加水，才过来。"在这句话里，包含了：1. 感受：你的服务很赞；2. 事实：每次杯里的水剩的不多时，你就补上了；3. 比较：换一个人，通常是等我要求加水，才过来。

怎么样？是不是感觉真实具体了？试试这样去夸奖一下你的小伙伴吧！

我们的生涯瞬息万变，定下生涯目标并且坚定地走下去显得尤为重要。而在这一过程中，我们也会不断地面临着各种决策和挑战。懂得如何决策、如何规划的人生会在属于自己的路上走得更远更长。抬头看看，在你前进的道路上，找到属于自己职业生涯的北斗星了吗？那么，现在开始走下去吧！

参考文献

[1] Dinklage, L. B.decision strategies of adolescents.Unpublished doctoral dissertation, Harvard University，1986.

[2] Gottfredson, L. S. Gottfredson's theory of circumscription and compromise.In D. Brown and L. Brooks, Eds.*Career Choice and Development*(3rd ed.):pp. 179–232, Jossey-Bass, San Francisco, Calif, USA, 1996.

[3] http://babyy210.blog.163.com/blog/static/16829042320111117107720l/.

[4] Lovey, P., Mayer, J.D. Emotional intelligence [J]. *Imagination, Cognition and personality,* 1990,(9):185~211.

[5] Peterson,G.W.,Sampson,J. P.,Reardon,R. C..*Career development and services: A cognitive approach*. CA: Brooks/Cole，1991.

[6] Richard Nelson Bolles. *What color is your parachute*[M]. Ten Speed Press，2006.

[7] Super，D.E. Career and life development. In D. Brown，L.Brooks，and Associates，(Eds.)，*Career choice and development*. San Francisco，Calif:Jossey-Bass Publishers，1984.

[8] Super,D.E.A life-span,life-space approachto career development[J].*Journal of Occupational Psychology*，1980（52）：129-148.

[9] Timothy Clark，Alexander Osterwalder，Yves Pigneur，毕崇毅译.商业模式新生代个人篇——一张画布重塑你的职业生涯[M].北京：机械工业出版社，2013.

[10] Robert C. Reardon，Janet G. Lenz，James P. Sampson，Jr.，Gary W. Peterson，侯志瑾等译.职业生涯发展与规划 [M].北京：中国人民大学出版社，2010.

[11] Elliot Aronson，Timothy D.Wilson，Robin M.Akert, 侯玉波等译.社会心理学：阿伦森眼中的社会性动物（第8版）[M].北京：北京华业文化有限公司，2014.

[12] 《财经专业大学生发展指南》编写组.财经专业大学生发展指南：职业生涯规划[M].上海：上海财经大学出版社，2012.

[13] 爱德加·薛恩. 组织心理学[M].北京：经济管理出版社，1987.

[14] 鲍利斯.你的降落伞是什么颜色？[M].北京：中信出版社，2010.

[15] 曹渊勇等.《职场零距离——大学生就业指导》[M].北京：高等教育出版社，2014.

[16] 丹尼尔·戈尔曼著，杨春晓译．情商——为什么情商比智商更重要[M]．北京：中信出版社，2010.

[17] 杜映梅.职业生涯管理[D].北京：中国发展出版社，2011.

[18] 管清友,张媛.产业发展新常态：从失衡走向优化[J].中国科技财富,2014(8)：24-27.

[19] 洪凤仪.生涯规划自己来[M].台湾：杨智文化出版社，1998.

[20] 黄少洪.试论大学生求职过程中的权利意识培养[J].学校党建与思想教育，2009(5)：65-66.

[21] 黄希庭，张进辅，李红.当代中国青年价值观与教育[M].成都：四川教育出版社，1994.

[22] 吉尔森.选对池塘钓大鱼[M].北京：机械工业出版社，2004.

[23] 姜薇薇.大学生职业价值观的特点及与职业选择的关系研究[J].黑龙江教育（高教研究与评估），2015(3)：82-83.

[24] 蒋振流.基于胜任力模型的商业银行理财经理队伍建设策略研究[J].国际金融，2013(2)：27-31.

[25] 金盛华，李雪.大学生职业价值观：手段与目的[J].心理学报，2005，37(5)：650-657.

[26] 金树人.生涯咨询与辅导[M].北京：高等教育出版社，2007.

[27] 可德.致2011届风华职场新人的一封信.

[28] 李建良.浅析求职者的印象管理[J].社会心理科学，2005(2)：16-180.

[29] 李开复.给中国高校的一封信——请培养21世纪企业需要的人才[J].职业技术，2007(9)：48-57.

[30] 李宁. 打开你观念的抽屉[N]. 湖北日报，http://www.cnhubei.com/200303/ca234609.html.

[31] 李源源.告别徊徨：待业大学生群体生存状态研究——基于上海的实证调查.第十一届“挑战杯”作品.

[32] 林清文.生涯发展与规划手册[M].广州：广东世界图书出版公司，2003.

[33] 刘勇.大学生生涯管理与辅导[M].北京：科学出版社，2008.

[34] 马恩，谢伟.大学生就业指导与发展活动教程[M].北京：北京交通大学出版社，2011.

[35] 潘杰.过去十年，金融行业发生了什么变化[J].成才与就业，2014(24)：6-7.

[36] 彭贤，马恩.大学生职业生涯规划活动教程[M].北京：清华大学出版社，2010.

[37] 彭永新，龙立荣.国外职业决策理论模式的研究进展[J].教育研究与实验，2000(5)：45-49.

[38] 萨克尼克等.职业的选择：成功规划你的人生[M].北京：机械工业出版社，2011.

[39] 萨克尼克等.职业指导[M].北京：中国劳动社会保障出版社，2005.

[40] 王沛，冯丽娟.应聘者印象管理研究述评[J].心理科学进展，2006，14(5)：743-748.

[41] 吴芝仪.我的生涯手册[M].北京：经济日报出版社，2008.

[42] 肖丽新，2012，http://www.xiaogushi.com/Article/yuyan/2012122114172.html.

[43] 徐强，http://www.zhihu.com/question/20846401/answer/16372940，2013.

[44] 杨毅宏.世界500强面试实录[M].北京：机械工业出版社，2010.

[45] 叶奕乾，何存道，梁宁建（主编）.普通心理学（修订第二版）[M]. 上海：华东师范大学出版社，2005.

[46] 张建奇，杨柳玉.我国大学生就业准备中的误区及改进策略[J].现代教育论丛，2014(2)：63-67.

[47] 郑茂雄.家庭社会资本与大学生就业满意度关系研究[J].高教探索，2012(2)：131-136.

[48] 钟谷兰，杨开.大学生职业生涯发展与规划[M].上海：华东师范大学出版社，2008.

后记

《未来任我行》由中南财经政法大学和上海财经大学两所财经与政法专业领域特色鲜明的高校就业指导中心联合编写，是两所学校在大学生职业生涯发展教育方面的创新尝试。我们希望能够集合两所高校在自身擅长的领域多年的工作经验积累，创作出一本融合理论与实践，针对性强以及契合当前大学生特点的职业生涯发展教育教材。

在本书创作的过程中，由两所高校就业领域工作者共同组成的编委会成员付出了艰辛的努力，同时也得到了校内外多方的支持，在此感谢康泸丹、陈日轮、王尔雅、岳宇昆、陈天宇、周胥、解晓莉、彭期雄、陈远薇、刘咏春、董晓玲、黄雅露、陈叶等同学参与进行资料和数据的搜集整理，感谢蔡栋、刘程、费诗珍、杨洋、朱超颖等校友参与撰写案例和接受访问，感谢何攸佳对本书进行了美工设计以及上海财经大学出版社的陈明老师对本书编写出版的全程指导。

由于编者水平有限，书中难免有错漏不足之处，望读者朋友不吝赐教。

图书在版编目（CIP）数据

未来任我行：财经与政法类大学生的六堂职业必修课 / 中南财经政法大学就业指导服务中心，上海财经大学学生就业指导中心编著. -- 上海：上海财经大学出版社，2016.6

ISBN 978-7-5642-2183-6/F.2183

Ⅰ. ①未… Ⅱ. ①上… Ⅲ. ①大学生－职业选择 Ⅳ. ①G647.38

中国版本图书馆CIP数据核字（2015）第249056号

□ 责任编辑 石兴凤
□ 封面设计 张克瑶

WEILAIRENWOXING

未 来 任 我 行

——财经与政法类大学生的六堂职业必修课

中南财经政法大学就业指导服务中心
上海财经大学学生就业指导中心 编著

出版发行：上海财经大学出版社（邮编：200434）
（上海市武东路321号乙）
网　　址：http://www.sufep.com
电子邮箱：webmaster@sufep.com
经　　销：全国新华书店
印刷装订：上海雅昌艺术印刷有限公司
开　　本：710mm×1000mm 1/16
印　　张：15
印　　数：4 001–8 000
版　　次：2016年6月第1版
印　　次：2016年8月第2次印刷
定　　价：34.00元